魔法學堂

開賣啦！

歡迎光臨！

卓憶嵐◎著

推薦序／
給學生自主自學的舞台

　　2008年初夏，國文學科中心在台中市維他露基金會舉辦「閱讀寫作工作坊」，有三十位中區教師參與研習。兩天的課程緊湊而扎實，學員熱烈參與討論、分享經驗。其中來自台中明德女中的卓憶嵐老師，她坦率、無私、熱情，有股無形的熱力，活絡了整個研習現場，帶給大家無比的震撼，並且在心中留下深刻印象。

　　2009年，念念不忘憶嵐對教學的熱情與創意，我特地南下懇談，力邀她加入學科中心的團隊，從此，憶嵐成為國文學科中心教學資源研發小組的成員。

　　三年多以來，她持續研發各項創意教學，以生動活潑

的文字，將教學過程與成果鉅細靡遺的記錄下來，發表於學科中心電子報及翰林文苑，分享給全國老師。此外，學科中心辦理種子教師培訓、資訊科技融入教學研習活動及全國高中國文教學研討會，也曾特邀憶嵐親臨現場，傳授教學祕訣，她依然是熱情洋溢、創意無限，帶給教學伙伴連連驚喜。

　　憶嵐文采斐然、聲音甜美，學生時代就擅長文字創作，曾出版數本小說，也曾製作廣播節目。大學畢業之後，累積十多年豐富的教學經驗，為增強教學效果，提高學生的學習興趣，她不斷求新求變，跟著時代的腳步，利用資訊科技將教學活動經營得有聲有色。她的教學成效獲得幼獅文化青睞，得以集結成《魔法學堂開賣啦！》一書，對教學伙伴真是一大福音。

　　由於科技與網路產業的突飛猛進，E化衝擊著人類的生活，也強烈影響教育現場的師生互動，傳統的板書教學已難以吸引年輕學子的注意力，教師除致力於專業知能的提升，還須善用資訊科技，豐富教學資源。而隨著時代的

進步，國文教學的角度也不只是文學，更需要融入人權教育、生態教育、生命教育、性別平等教育、環境教育……，以教育出能說會寫、有現代意識的公民。

初看《魔法學堂開賣啦！》一書，或許感覺這些教學活動，只是一場場遊戲；但細讀之後就會發現，她的每一套教學設計都融入了嚴謹的教育理念，也有清楚的教育目標，只是藉由文學作品，透過網路與資訊科技，建構一個沒有圍牆的教室，把講台交給學生，給他們一個自主自學的舞台。

憶嵐突破傳統的教學方式，在快樂自主的氣氛中，師生一起賞詩、玩詩、讀詩、寫詩、攝影詩，製作廣播劇，經營部落格，彼此觀摩學習，同時也探索自我、關心環境、表達內在。學生與文學的藩籬拆解了，師生優游於文學的大海中，媒體力、風格力、閱讀力、寫作力與風格力都在不知不覺中培養出來了。

在這兒，只有教與學，沒有排名和競爭。

在這兒，只有開放的快樂學習，沒有封閉的一言堂。

在這兒，只有師生互動的真心，沒有權威的壓迫和功利主義。

在這兒，老師也是學生，學生也是老師，共享「教學相長」的真諦！

　　十二年國教在教育部大力推動下，即將於2014年啟動，全國的中學教育也將面臨此一變革中的挑戰。期待藉由《魔法學堂開賣啦！》一書，在憶嵐老師的帶領下，讓辛苦的、盡心的教學伙伴們能見識到教育的另一片廣闊天空，與學生共創快樂的學園。

　　　　　　　　　駱靜如（北一女國文科教師）

自序／

點燃快樂學習的火花

　　春天的杜鵑開滿校園，信步花海中的我倍感幸福。

　　遠遠的，一對白頭翁飛來，帶著孩子們在校園進行「春季攝影：戀戀校園」活動，我們正在享受動態的〈詠物篇〉。

　　這就是，我的魔法國文課。

　　深深相信每位老師的身體裡流動著魔法師的因子，只是，被升學主義的藩籬束縛、綑綁，或許需要一點勇氣和熱血，丟出鬆綁令的咒語，將課堂氣氛重新點燃名叫「快樂學習」的火花。

　　我確信，當龐大的升學桎梏壓縮著活潑教學的舞台時，師生之間仍然擁有自由呼吸的時刻，那就是創意教學，哪怕只有五分鐘都可以將學習的桃花源營造出來。

　　高中歲月的國文課，回憶起來絕對不只是一張考試卷而已，更多的應該是黃金青春的烙印，一幀花開的攝影詩、一句好書裡的經典名言、一首自己的心情填詞，或是一個中國風的國文手作成品。

　　這本書是愛挑戰的我在將近四千個執教鞭的日子中編織的捕夢網，想要獻給所有熱愛進步的你，願意挑戰教學極限的你，渴望創意學習的你，無時無刻不在施展魔法的你，還有享受多元智慧的你……，不管你的身分是莘莘學子，還是教師，或是家長，都很適合打開它，一起感受生活中的文學小魔法。

「這裡是FM520.999，荳荳私塾……」

沒錯，我是一個廣播人、部落客，更是一名教師，台式魔法學院就在這裡！

感謝任教學校給我揮灑創意思考的教學舞台，每一堂課的快樂氛圍，刺激著我挑戰在升學主義下迸出源源不絕的魔法點子。

感謝北一女學科中心駱靜如老師給我走出校園的美麗契機，每一場演講和論文發表皆提升了我的信心，促使荳荳以研發更有趣的教學資源為己任。

感謝幼獅文化黃淨閔編輯的用心邀稿，給我一個出版的驚喜，每一字句的撰寫都是我這十多年來教學的心情結晶和感動分享。

　　更感謝願意打開「魔法學堂」大門的你，給我一個帶你踏上另類國文課堂旅程的機會，這裡沒有課表進度，只需要一雙探索世界的心眼，一如《小王子》裡的經典名句：「真正的事物是用眼睛看不到的，而是要用心……」。

　　親愛的，讓我們一起快樂學習吧！

菉菉・酒桶山腳下的感動・壬辰年

目錄

盛開的蓮，水畔的呼喚

楔子

給我一間台式「霍格華茲」魔法學院，好嗎？

2000年《哈利波特》襲捲全球，「閱讀」馴服了正值叛逆期的荳蔻少女、半大不小的孩子。

「菜菜，為什麼哈利波特在學校上課那麼好玩呢？還有魔法耶！」

「你好笨唷！那是小說，虛構的世界啦！真是的……」一旁的女孩搶著回答。

望著他倆離去的可愛背影，我認真思考起「上課好玩」、「魔法」、「虛構世界」這些提問。

對一個老師而言，課堂不該只是升學的殿堂，更是培養「全人教育」的幸福教室，如果能讓學習過程是快樂、活用、長期記憶的，那人師的任務才能算告一段

落。

當網路火星符號企圖取代正統書寫，於是，一個新時代的變革，來臨。

當「臉書」（Facebook）的「開心農場」超越「噗浪」（Plurk）的浪頭，於是，更加明白資訊的更替是那樣毫不留情的，迅速。

然而，究竟還有什麼可以像一輪明月那樣雋永無瑕代表著鄉愁？究竟還有什麼可以抵抗知識爆炸的洪流效應？究竟還有什麼……

那就是，文化。

是的，代代從老祖宗的手上火炬傳遞下來的文明火種，就是最珍貴的資產，與世界接軌的寶藏。

不要問文化的傳承發生了什麼樣的斷層？國語文能力的低落、作文書寫的式微、閱讀程度的高低落差……，這只是過渡，只是暫時，只是變身前的一個低谷，高峰即將躍起……

當全球中文熱蔓延開來，不禁要問自己：「要用什麼方式傳遞手裡的文化火種？」、「要用什麼來行銷發揚五千年文化的結晶？」、「要用什麼不屈不撓的精神

搶救國文大作戰？」、「要用什麼心情去營造一個快樂
的國文教室？」是的，用文化，文化將帶我們起飛。

這只是開始。

請讓我大膽假設火一般意志的傳承精神，請讓我大
膽建構這個微不足道的夢奇地，請讓我手持真心不怕火
煉的文學魔法，誠摯的邀請您走進「魔法學堂」，這將
會是一堂充滿微笑魔法的國文課。

給你一個資訊科技融入教學資源網，好嗎？

教育部高中學科資訊科技融入教學資源網（http://
hsmaterial.moe.edu.tw/index.php#）是民國97年國科會實
施的「數位典藏與學習國家型科技計畫」項目之一。

簡單的說，使用魔法必須要有武器，這是每一個熱
中線上遊戲的孩子都知道的真理。教師要馴服新一代的
學子，不得不利用的就是「資訊科技」，也就是「多媒
體教學」。

資訊科技融入教學的意義

在教育部多年的推動之下，「資訊科技融入教學」
儼然為教師必備條件，其重要的意義正如推動資訊融入

教學的白皮書計畫中所言：「教師運用電腦與網路的特性，於適當的主題、時機與各科教學相結合，呈現有意義的教學方式，以協助達成教學目標。」簡單來說，就是「借力使力」，透過電腦時代的力量將「教學目標」更精確完美的呈現，一如《會動的清明上河圖》吸引了更多喜歡科技的心靈進入文學藝術的殿堂。

「一種改善原本成效不佳、提升學習成效的教學模式」，這也是白皮書中所強調的意義，更為資訊科技融入教學打入一劑強心針，在在說明教師還是本位，多媒體只是輔具，最終目標還是促進師生之間學習的成效和樂趣。

如此說來，若是一幅「會動的桃花源」動畫能為教學加分，而不是阻礙教師在教室中的地位，那麼，這麼好的魔法何不試試看呢？

時代之趨，魔法之鑰，資訊融入教學值得一試，因為您值得。

資訊科技融入教學的目的

假設資訊融入教學是施展魔法課堂的絕佳武器，那麼，行之多年的「貝多芬（背多分）」、「蔣光超（講光抄）」這一類填鴨式的教學法，不是可以更快速的將學生送進高等學府嗎？

我們是否還有另一種選擇，另一種可能？就像在森林裡找尋出路，柳暗花明又一村的驚喜是值得所有教師嘗試的，因為資訊科技融入教學的目的是：「提升教師教學品質與學習成效」、「培養學生的資訊素養」、「培養學生運用科技與資訊的能力」、「培養學生能獨立思考與解決問題」，這是教育部在白皮書計畫中提出的精華要點，也是支持我去實踐「魔法學堂」最有力的信仰。

知識爆炸的洪流，教與學的關係再也不能只停留在紙筆或是口說教法上，還要一些新世代的潮流輔助，只要使用得當且不喧賓奪主，教師的教學權威依然存在，更難能可貴的是可以開啟學生的「多元智慧」能力，可以拋棄傳統「一言堂」式的教學教條。

是不是這樣，我們的下一代就能開出更多可能的智

慧之花呢？

　　我想，獨立思考的創造力和解決問題的應變力，才是這一代莘莘學子最需要學習的課題，也是整個台灣社會需要的人才特質。

　　從NBA籃球明星林書豪身上就可以預見這股風潮。豪小子教會整個社會的正是謙遜、團隊、獨立、懂得思考的全人特質，這也是「林來瘋」成功的祕密，更是未來家庭教養的典範方向。

　　那學校教育是不是也該轉彎、解嚴？

資訊科技融入教學的實施

　　或許有人會問我，那實施資訊科技融入教學，還需要老師嗎？

　　當然需要！

　　我所強調的是「魔法只是輔具」，教與學的過程中最重要的還是「人」。因為文化的傳承是人與人之間的精神傳導，就像漫畫《火影忍者》中三人小組的相互學習，師徒之間的薪火相傳；或是《航海王》中伙伴的觀念和團隊的信仰……，其致勝關鍵都不是忍術多厲害或武器多強大，重點都是落在「心的意念」，這是「人與

人」之間才能激發出的熱血火花。

　　我想，幾千年前的孔子若是能穿越時空來到現代，也一定會支持資訊科技融入教學的做法，因為這樣一來更能推動「因材施教」、「有教無類」的教育精神，也更能開發出類似「四科十哲」多元智慧的學生。

　　教育部提出實施「資訊科技融入教學」的理念是建立在「引導學生學習動機」、「學校欠缺部分學科的老師」、「學校無法提供問題解決的環境」、「需要培育從事實物演練的經驗」、「將抽象化的教材轉成視覺化的教材」等動機上，資訊科技融入教學並不是全部，它只是教學的一個小環節，就像是「畫龍點睛」的加分效果。

　　例如以《漢字好好玩・書法動畫》影片引起學生閱讀〈蘭亭集序〉的興趣；或者播放梵谷的畫作搭配梵谷之歌的簡報，將「藝術之美」化抽象為具象；又或者透過線上模擬的遊戲軟體，讓學生體驗該事物的虛擬操作，為將來的實習課奠基……，「借力使力」的原則就是資訊科技融入教學的實施理念！

資訊科技融入教學的呈現

上述重點是《教育部‧高中資訊科技融入教學教材發展計畫‧98年成果發表會手冊》中的精華，創意教學若能獲得官方支持，推廣的成效才能深遠，最終目標就是造福學生，營造快樂的、有成效的學習環境。

這是一股新時代的力量。十幾年前我在課堂上這樣操作的時候，當時將資訊融入教學的教育環境還很克難，幸運的是我任教的學校早已領先群雄為教室建置多媒體教學系統，讓我得以發揮那些天馬行空的教學魔法點子，這是我開創魔法學堂最有力的後盾。

十幾年後的教育環境已大大不同，潮流引領人手一支智慧型手機就可以在Facebook上大作文章、轉發訊息、發表感想，人人寫起微網誌當起作家，這是一個資訊快速流動的時代。

　　「人人都可以是大導演和小記者」的浪潮拍打著教育的傳統圍牆，這時候教師該有什麼自覺？「媒體力」是教師該具備的力量，也是時代下的產物和學生應該培養的能力，教師的權威不該建立在封閉的「一言堂」上，應該是扮演「開一扇窗」的生活導師，如此才能讓自己在時代的轉變中以優雅的姿態變身，以從容的態度引導學生學習。

　　教師依然可以是知識的權威，但是教會學生獨立思考更能凸顯教師存在的意義，這也是我推動「創意教學」這麼多年來的心意和初衷。使用新時代的媒材吸引學堂上的每一顆星星，教師的專業不但不會被削弱，還會被冠上「鮮師」的桂冠，因為，我們都應該學習孔子做個「聖之時者」，雖然平凡如我離「聖賢」境界遙不可及，但是向「至聖先師」看齊，隨著時代改變教學輔具，或許也可以和「時者」沾上一點邊吧。

　　「媒體力」是時代的頂峰，適當的揀選、使用多媒體媒材輔助教學才是重要的關鍵，不然在教學路上變成「沒體力」空忙一場，將會扼殺教學和學習的熱忱。

　　《魔法學堂開賣啦！》是我多年創意教學教案的結

晶精華，這本書存在的意義就是讓大家看見夢想的無限可能，同時也請大家循著我曾經繪製的飛翔地圖探險，或許可以稍微減少投入「創意教學」過程中的摸索和挫折；雖說挫折是生命最好的禮物，但總希望和我一樣的熱血教師可以永遠不被挫折找上，時時保持高度的希望，繼續開創教學的「潘朵拉星球」，且讓我們給孩子們一個又一個發揮創意的魔法學堂吧！

第一堂魔法課
0與1的天空—媒體力

為什麼要使用多媒體？

「多媒體」的學術定義就是：「結合許多種類的媒體元素，最重要的是藉由『電腦』掌控、呈現成果」，所以精確的說，應該要稱作「電腦多媒體」。

電腦，是改變世代之間知識學習型態最重要的一項發明。我認為它是一項助力，只要妥善運用，電腦多媒體就是教師的魔法武器！而多媒體媒材可簡單的分成三大類：

① 影像：分成動態的3D、2D影片；靜態的圖畫、照片、幻燈片。

② 聲音：語音（例如老師的聲音）、音效、音樂。

③ 文字：即所謂的「文本」，包含各種文字和符號。

這些媒材充斥在生活裡，只要善加揀選，即可成為授課小幫手。

如果先明白「資訊科技融入教學」是藉由「多媒體」來操作，就不難了解為什麼要使用多媒體來實現魔法學堂。愛因斯坦說：「想像力就是超能力。」我深信不疑。所以使用多媒體的動機應該是讓教學加分，並且順利完成教學目標、開發學生多元智能，絕對不能因為使用多媒體之後而慌亂疲憊，失去教學節奏，反而本末倒置，最後真的是「媒體力＝沒體力」！

什麼是多媒體教學？

「多媒體教學」就是應用多元媒材輔助教學，幫助教師達成教學目標，幫助學生提高學習效率和興趣的一種教學方式。「運用各種多媒體媒材編輯在教材當中，透過電子設備實施教學」，如此一來，就是在進行多媒體教學囉！

多媒體教學可簡單分為兩類：

① 視聽設備的多媒體教學：例如電影、音樂欣賞。

② 投影設備的多媒體教學：例如幻燈片、簡報教學。

只要適當運用多媒體教學，不僅能為課程加分，還可以減輕教師的負擔，優點如下：

① 製作的資料已經電子數位化，容易存取、編修、轉移、複製，更可以多次使用或是團隊共享資源。

② 若是使用網路多媒體資源，只要利用關鍵字句就能快速查詢，例如想看國立故宮博物館「白玉苦瓜」的照片，只要在網路輸入關鍵字即可搜尋，養成學生「主動學習」的習慣，網路不再只是娛樂的需求。

③ 重複使用，降低成本，更是一種環保行為。

④ 降低人為錯誤，教學內容資料保持一致性。

⑤ 媒體元素多樣化，學習方式不枯燥，增添生動活潑
　　的教學興味。

⑥ 互動性高，不是填鴨式強迫學習，而是全面開放。

　　基於以上優點，可見「多媒體教學」實在是值得一試
的創意教學唷！

如何編寫多媒體教案？

　　其實，很多老師早就使用多媒體教學於無形之中，
只是沒有養成系統性建構教學檔案的習慣，導致每次上課
都要重複編輯教案。當然，也不是指有多媒體教案就可以
「三十年如一日，一招走天下」，就像再好笑的笑話，講
久了自己也會覺得乏味，更何況是聽眾呢？而多媒體的優
點就是容易編寫，如果教師養成建構教學檔案的習慣，就
可以重複使用資料並且再將資料升級，加上教學媒材也會
隨著時事、潮流變更，因此「日新又新」不但是教師教學
必備的基本條件，更是多媒體教案的特色。

　　如果您明白了我對多媒體教學的推崇，那麼請您給它
一個機會，跟著以下步驟開始進行多媒體教案的編寫。

決定內容

　　教學過程要隨時思考課程「適不適合」、「需不需

要」，確認需要、適合之後，就可以決定呈現內容。例如：授課《曲選·賣花聲》之〈美人自刎烏江邊〉，就決定進行影音教學，找出《霸王別姬》影片擷取精華片段引導同學欣賞，並引發他們對歷史典故的興趣和運用。

思考表達方式

決定好媒材後，就要思考如何表達。多媒體教學的表達方式分為：簡報型、書報型、模擬型、遊戲型、測驗型、影音型等。其實多媒體的表達方式並沒有一定的限制，端看適合與否。例如，決定播放《霸王別姬》影片時，同時也決定了以「影音閱讀」的方式呈現。

多媒體教學是活潑的，不是一成不變的套用公式，教師可以透過班級屬性和教學風格進行多元排列組合，產生不同的教學樂趣。

媒體素材的準備

所謂的媒體素材是相當豐富而多元的，可分為圖片、音效、音樂、影片等，除了合理的引用網頁素材之外，建議可以自行拍照、錄音，這是支持正版的身教表現。音樂和影片只要符合著作權法的合理使用規範，透過剪輯軟體編成「教學用」版本，或是直接購買公共播放版，除了可以安心使用之外，也是一種尊重智慧財產權的正確示範。

以下介紹幾款入門的「多媒體教材製作」應用軟體：

① 照片編修：Photoshop、Photoimpact、Photoscape

② 照片動態播放：魅力四射

③ 影片剪輯：繪聲繪影、威力導演、Movie Maker

④ 錄音軟體：Adobe Audition2.0

多媒體教案的編寫是相當有趣的，運用軟體過程中，也能玩出另一番教學風情。

如何實施多媒體教學？

教師想要實施多媒體教學，必須要有一個施展魔法的舞台，那就是多媒體教室，但是不是每一間教室都必須是硬體完善、軟體豐富的魔法教室呢？若要等待配備齊全，那什麼時候可以實施多媒體教學呢？所以「心動不如馬上行動」，以下提供如何打造適合自己多媒體教室的建議。

普通教室

只要備妥筆記型電腦、網路系統連結教室電腦；或是使用學校準備的多媒體教學系統，即可使用多媒體教學。

電腦教室

這是最完美的舞台，只要運用中控鍵盤控制學生的電腦畫面，就可以進行多媒體創意教學。

遠距教學

　　在家中進行雲端教學，可使用部落格、Facebook、噗浪，或是學校提供的教學平台，進行7-ELEVEn不打烊的「沒有圍牆的教室」，和同學進行無遠弗屆的遠距教學，效果十足唷！

　　接下來，由荣荣魔法師施展「媒體力」的魔法！

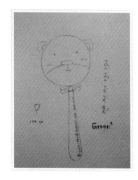

蓁蓁魔法師教學示範

多媒體教學的魔法在於教案的呈現，屬於「以學生為本」的創意教案，所以「媒體力」帶來的是「創意力」，這正是這一代學子必須被開發的潛能！

在正式進入我的教學現場前，希望請您先看看〈資訊融入教學‧蓁蓁の魔法私塾──創意教學夢奇地〉論文。

2007年《尋找夢奇地》電影細訴每個人心中都有一個「泰瑞比西亞王國」，那就是充滿無限想像的「夢奇地」！ 這是一處還原純真的祕密基地，值得人們去發現。文學就是一種魔法，這文學的夢奇地只要相信就被看見，所以，請讓我用「媒體力」建立一座讓我們通往奇幻泰瑞比西亞王國的文學之橋吧！

使用資訊融入教學，只是一座魔法橋梁，連接師生之間的默契，最終目的仍是拉近學生與國語文的親密關係。

現在，邀請您進入我的教學現場，證實文學的魔法奧義吧！請進！

壹、創意教學的真諦

對於我來說，「快樂學習」才是教室裡的本位主義，要怎麼讓學生快樂，進而主動學習？關鍵應該在於一個

「愛」字，或者是說「喜歡」！因為每一個孩子都是獨特的一顆星，所以才不能三十年如一日的教學，所以才必須落實孔子所言的「因材施教」，而多媒體的創意教學多多少少達到了令學生驚豔的效果，進而引導他們愛上文學。

使用年輕人善用的元素去吸引他們學習古典、經典的東西，就是我的祕訣。

小組分組合作學習法、搶答加分法、創意作文互評法、讀書會分享法……都是和多媒體教學並用的課堂魔法，它讓學生學會勇於分享、表達、團隊互助的精神和態度。我甚至加入文學手作——教室裡的創意市集、邀請同學彈唱愛情自創歌詞，這些藝文季活動實實在在向孩子們宣告國文課的「潮」與「新」，並且融入舊元素穿針引線，落實文學種子的發芽。如果老師們願意這麼做，保證學生會對老師佩服得五體投地：原來國文課一點都不「石化」、不「古板」，教室再也不是「蔣光超」或「貝多芬」的鴨子訓練班了。

貳、創意教學的初衷

國文課可以帶給學生什麼？帶給學生無限寬廣的「藍海經濟」。

　　有道是「經師易求，人師難得」，如何透過文字魔法開啟學生潛能，是熱情教師一輩子的夢想與課題。回顧過往的文學行船漣漪，波光粼粼的水紋，圈圈都是激發多元智能的教育烙印。「我愛，故我在」是教育擺渡的永恆信念，浩瀚的文學汪洋是無限幸福能量的泉源，是無所不在的文字藍海經濟！《論語‧陽貨》中孔子說：「小子，何莫學乎《詩》？《詩》可以興，可以觀，可以群，可以怨。邇之事父，遠之事君。多識於鳥獸草木之名。」不正說明了文學的力量本就是多元豐厚而且源源不絕的呀！

　　那，教師可以做什麼？打造「快樂學習」桃花源。

　　秉持「以學生為本，活化教學為業」的理念，步步行腳朝向以開啟「多元智能」為目標來經營課堂，這種跳tone的教學姿態要傳遞的不僅是文字上的魔法，更是生活裡的智慧，盼望帶著學生一起吟唱生命中的文學詠嘆調，那甜美的曲名就稱它為「幸福」吧！

參、創意教學的夢想

　　學習國語文是為了幸福過生活，從課外閱讀、寫作學習單進行教學延伸活動，以多元智慧理論為基調，搭配重要議題融入操作，並以數位科技輔助教學過程，編寫「主

題式」的教案。怎麼教？怎麼學？祈願學生進行自我探尋
的生命樂章為遠景。

如果，青春無敵的無知浪漫和熱情奔放需要一個出
口，那麼，就在國文課吧！

肆、創意教學教案精神

本篇〈聽，說！愛情三重奏〉以跨學年的新課綱選
文為主，佐以課外閱讀、寫作學習單進行教學延伸活動。
以多元智慧理論為基調的教學設計，囊括適宜的重要議題
融入操作，並以數位資源及科技輔助教學過程，整體呈現
「單元式」的跨課教學現場。

這是一場以高中女生的「愛情觀」為主調的音樂盛
宴，複調分別以「生命教育」、「性別平等教育」等議題
融入學習單，交織出多元智慧網絡。

邀請您來聆聽這青澀的飛揚音符，或許沒有華麗的
編曲、成熟的旋律，但師生間處處洋溢主動學習的熱情、
堅持信念的傻氣、互信互重的真心，俯拾皆是滿溢踏實的
幸福音符。〈聽，說！愛情三重奏〉是野人獻曝的教學
「情」光乍現，請多多指教！

五線譜的祕密

　　承襲一貫的教學信仰：「國文，是國語文，是『聽說讀寫』的課堂！」，使用此心法持續支持「快樂學習」的計畫，請看菉菉私塾透露私藏的「五線譜的祕密」。

一、全音符的浪漫熱情：主題設定

　　「老師，我最近遇到一個困擾……」

　　「菉菉，爸媽要幫我安排相親，可是我不想去呀！……」

　　透過 MSN、手機、E-mail傳來「少女蘿絲的煩惱」需要解惑，我在女校執教十年如一日最大的收穫就是獲得女孩子們的信任，彼此交換內心悄悄話豐富心靈記憶；林林總總生活大小瑣事，從健康、學業、親子溝通……到感情問題、終身大事，不管是剛進來的高一新鮮人，還是已經當媽媽的畢業生，她們總是慎重的把心交給我，而且希望我能給她們一個好答案。

　　唉！答案？花樣年華的女孩子遇到玫瑰般的情感問題最需要耐心傾聽和陪伴，雖然事過境遷，不一定會有圓滿的答案，但過程的學習已足夠成為心靈再次長大的養分。我雖笑稱她們擁有「少女『肉絲』的煩惱」，但打從心裡是十分嚴肅、認真的看待這一塊「老師沒有機會教」的黃

金習題———愛情。

學校裡沒有開愛情學分班，人人卻都要修習愛情學分，上了大學再修戀愛學分似乎有點遲，高中生偷偷摸摸談戀愛則令人擔憂……如何拿高分不留級？如何來場健康的兩性交流？那就交給國文老師吧！高中歲月正值情竇初開的浪漫時期，若沒有明燈適度引導和關懷，「感情問題」容易變成親子代溝或師生冰點的導火線，明亮青春更容易瞬間凋萎轉為黯淡。

於是，我大膽認為「愛情課題」的傳道、授業和解惑，可以在國文講堂裡光明正大的授課，透過「文學說愛情」深度認識自己、實踐生命教育，透過作文的文字魔法適度抒懷綺想、投入性別平等討論。

這是設計「愛情主題」單元教學的夢想初衷。

（一）「愛情主題」單元教學跨年計畫

主題式教案需要長時間發酵作為配套，透過舊課程建立先備知識，加上靈活教學穿針引線貫通新課程，凸顯主題式教學的真諦和妙趣。本教案操作落實在高二下學期，持舊經驗的基礎默契，順利推動各類學習活動。

（二）主題式教學選課介紹

　　以學校高中二年級使用的國文課本，作為「愛情主題」單元教學選課。

　　下表中的單元1～4為先備知識，單元6為預備教案，單元5〈水經〉則為本次教案教學設計的操作示範單元。

單元	授課年級	授課課文	文體	快樂學習計畫
1	一年級 （上學期）	〈長干行〉李白	樂府詩	學會詩歌的節奏 （改編歌詞）
2	一年級 （上學期）	現代詩選之一： 〈再別康橋〉／徐志摩	現代詩	學會現代詩的賞析與創作 （改編、創作歌詞）
3	二年級 （上學期）	〈琵琶行并序〉／白居易	樂府詩	學會詩歌的節奏 （改編歌詞）
4	二年級 （上學期）	現代詩選之二： 〈錯誤〉／鄭愁予 〈茶的情詩〉／張錯	現代詩	學會現代詩的賞析與創作 （改編、創作歌詞）
5	二年級 （下學期）	〈水經〉／簡媜	散文	學會散文賞析與創作
6	二年級 （下學期）	〈紅頭繩兒〉／王鼎鈞	小說化 散文	學會極短篇小說創作

二、二分音符的跳躍：教學總目標——愛情眾生相

　　「愛情主題」單元教學透過不同課程，認識不同面貌的愛情，隨著每一課透露出愛情主題的不同，可「因材施教」揀選適合班級的主題進行教學，開啟學生心靈的另一扇窗。（如圖1所示）

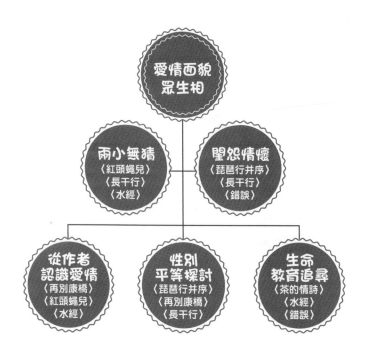

圖1：「愛情眾生相」樹狀圖

（一）「多元智慧理論的運用」教學活動

　　高二下學期「愛情主題」單元教學，透過〈水經〉、〈紅頭繩兒〉等白話範文的觀摩與學習，激發學生主動學習「聽、說、讀、寫」的多元智慧。每一種多元智慧由各個活動引導，教師可彈性選擇適合學生屬性的延伸活動進行。（如圖2）

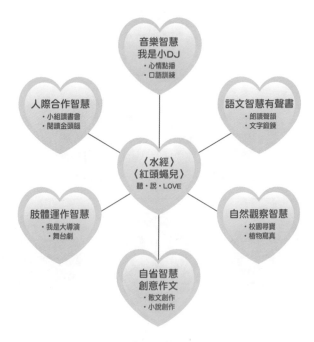

圖2：「多元智慧v.s.愛情主題」創意教學活動

（二）「教育部頒定重大議題融入教學運用」教學活動

　　除「多元智慧」之外，將重大議題融入教學亦是另一種創意教學。課程進行時，教師可選擇適合的活動來進行，配合教學進度操作課外延伸活動（如圖3和圖4），才不會造成授課上的壓力。以重大議題和多元智慧的發展相結合，融入教學的各種活動單元，教師可視班級屬性、授課進度予以彈性操作，以達「因材施教」的效標。

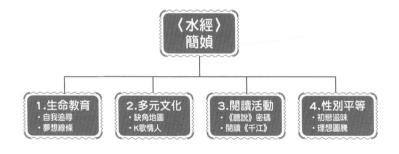

圖3：〈水經〉創意教學活動例示

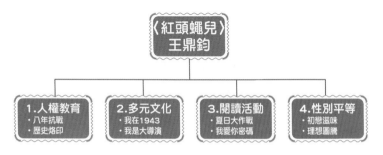

圖4：〈紅頭繩兒〉創意教學活動例示

　　「活化教學」是創意教案的最高理想藍圖，透過實作將虛擬的理想真實化，不但點亮文學講堂裡的魔法棒，還可拉近師生距離，營造靈活教學、主動學習的情境，朝多元目標邁進，設計班級所需並能彈性使用的課程，師生共同創造教學桃花源！

三重奏的初試啼聲

　　〈聽，說！愛情三重奏〉以「學生需求」、「主動學習」為基調，三重奏分別是「一重奏：課前引導」、「二重奏：範文教學」、「三重奏：課後延伸」三階段教學活動，僅先以〈水經〉課文呈現效標。

一、升記號的開始：〈水經〉教學設計

　　〈聽，說！愛情三重奏〉國語文教學簡案運用計畫於九十八學年度落實操作。

運用課程：國文第四冊第一課〈水經〉

教授時間：一周五節課，每節50分鐘

預習作業：自學閱讀計畫。運用圖2「多元智慧v.s.愛情主題」教學活動中的「人際合作智慧」——「小組讀書會」，進行課文獨讀或共讀。

（一）教學現場（第一節）

第一節課重點在引發學生學習散文的書寫精神，散文是「寫自己」的體材，若能在書寫中找到自己，也是文學的另一種溫情和能量。

一重奏：課前引導

⊙ 音樂智慧：「我是小DJ──心情點播」 **5**min

1.活動：

事先安排各組推薦好音樂，主題為「初戀系」歌曲，分為五個小組課前討論、抽籤，每節課安排一組上台播放推薦好歌。

2.效標：

以新世代音樂引發心靈共鳴，活絡課堂氣氛，同時訓練「口語表達」的台風，寓教於樂。

⊙ 生命教育：「自我追尋」 **2**min

1.操作：

以「我的愛情是一部水經……」為始，腦力激盪「那你的愛情是什麼？」，讓同學思考這個問號，慢慢發酵，產生心靈漣漪。

2.效標：

激發思考力，找出自我專屬的生命力，不再一味盲從時代潮流。

⊙ 語文智慧：「朗讀聲韻」 **15**min

1.活動：

安排聲情十足的同學朗讀作者、題解，教師隨之講解並補充課外知識。

2.效標：

認識作者、題解，學習「簡媜式」散文風格，仿題目練習「作文下標題」。

二重奏：範文教學

⊙ 閱讀活動：從作者認識愛情 25min

　　利用數位科技，使用「教育部高中學科資訊科技融入教學資源網」──〈夏之絕句〉中的「題解」和「作者」資源，以多媒體引發學習動機。

　　1.活動：

　　補充作家生平趣聞，推薦簡媜書單，進行圖書館尋寶活動。

　　2.專題：「尋找修辭魔法師──簡媜」

　　小組讀書會進行合作學習，找尋一本書共同討論後推派代表介紹書訊、大意或作者趣聞，一組3分鐘。尋寶書單如後：《水問》、《私房書》、《只緣身在此山中》、《月娘照眠床》、《夢遊書》、《胭脂盆地》、《女兒紅》、《浮在空中的魚群》、《紅嬰仔》、《天涯海角》、《七個季節》、《老師的十二樣見面禮──一個小男孩的美國遊學誌》、《下午茶》、《微暈的樹林》、《密密語》等書。

　　3.效標：

　　透過主動認識作者，不再呆板的填鴨式學習。學習不是畫線強記，而是透過討論的國學涵養。

三重奏：課後延伸

【文學練功房（Homework）】 3 min

教師叮囑學生回家做功課時，也留一點空白時間給學生思考：今天學到了什麼？

⊙ 多元文化：「K歌情人」

　　1.操作：

以點播歌曲學習單進行修辭練習、賞析寫作、歌詞改寫。

　　2.效標：

另類學習也是一種文學扎根，或許可以培育出下一個方文山！

⊙ 自省智慧：「創意作文」

　　1.操作：

回答「你的愛情是什麼？」，進行「名句仿寫」，刺激思考靈魂深處的祕密。愛情，不再是煙霧彈。

　　2.效標：

透過短句書寫進入內心思維，更可以進一步互動，明白學生的異想世界。

（二）教學現場（第二節）

第二節課的重點在於訓練閱讀白話文的自學能力，藉由「閱讀金頭腦」活動引發學習樂趣，並培養尋找重點的思維邏輯，進而提升創意作文馳騁的想像力。

一重奏：課前引導

⊙ 音樂智慧：「我是小DJ——心情點播」 **5** min

同第一節課。

⊙ 生命教育：「自我追尋」 **8** min

1.活動：

邀請自願者上台分享作業：「愛情是什麼？」

2.效標：

活絡班級氣氛，打開閱讀心眼，增進班級同學的感情和團結的向心力。

⊙ 語文智慧：「朗讀聲韻」 **10** min

1.活動：

安排聲情十足的同學朗讀課文中的「經首」、「源於寺」、「去野一個海洋」三個段落，再由教師講解大意和補充字詞，隨後進行「人際合作智慧——閱讀金頭腦」活動。

2.效標：

擺脫白話文冗長、枯燥的自學方案，進入小組讀書會的深耕閱讀。

二重奏：範文教學

【讀書會導讀】 24min

利用數位媒材，使用文建會影音——「好山好水讀好書：簡媜導讀《吃朋友》」，培養讀書會精神。

⊙ 人際合作智慧：「小組讀書會」

1.活動：

教師講解、補充課文資訊後，進行小組閱讀進階活動。

2.遊戲：「閱讀金頭腦」

小組讀書會進行合作學習，共同討論段落重點並進行出題，推派代表上台當小老師發問，進行閱讀搶答加分，一組兩分鐘。「閱讀金頭腦」出題範圍如後：「字形」、「字音」、「字義」、「修辭」、「文意」、「填充」等題型。

3.效標：

透過讀書會主動學習段落重點，讓文學成為遊戲，讓記憶變深刻，每一個孩子都會是金頭腦。

三重奏：課後延伸

【文學練功房（Homework）】 3min

　　教師叮嚀學生回家做功課時，也留一點空白時間給學生思考：今天學到了什麼？

⊙ 多元文化：「K歌情人」

　　同第一節課。

⊙ 自省智慧：「創意作文」

　　1.操作：

　　從課文文意延伸問答題寫作。

　　題目一：第一次約會的祕密旅行，你想要去哪個地
　　　　　　方？為什麼？

　　題目二：作者的愛情密碼是「209」，那你的密碼會是
　　　　　　什麼？為什麼？

　　2.效標：

　　深入學生心靈世界，揮灑青春無敵的遐想。

（三）教學現場（第三節）

　　第三節課的重點在於培養閱讀白話文，探討「兩性平等」、「生命教育」的意義。「夢想線條」活動（請見圖2）則是引導學生回歸夢想起源，進而思考如何圓夢的心靈探索。

一重奏：課前引導

⊙ 音樂智慧：「我是小DJ──心情點播」**5**min

　　同第一節課。

⊙ 生命教育：「自我追尋」**10**min

　　1.活動：

　　組內分享「創意作文」：「最想去的祕密旅行」和「愛情密碼」，獨樂樂不如眾樂樂。

　　2.效標：

　　增進寫作趣味，觸及心靈琴弦，共鳴一曲戀愛幻想曲。

⊙ 語文智慧：「朗讀聲韻」**10**min

　　1.活動：

　　全班以接力方式朗讀「浣衣」、「吵」、「卷終」三段落，教師隨之講解大意和字詞補充，進行「性別平等

──理想圖騰」活動。

2.效標：

白話文除了學習修辭、字詞形音義外，最重要的是生命的涵養，從字句中尋找人生寶藏，那啟示將是成長的開始。

二重奏：範文教學

【讀書會導讀】 22 min

利用數位科技，播放電影《聽說》官方預告片，體驗「無聲世界的愛情」。

人際合作智慧：「小組讀書會」

1.活動：

教師補充課文資料後，實施小組閱讀進階活動。

2.專題：「性別平等──理想圖騰」

小組讀書會進行合作學習，共同討論課文中「兩性互動」的段落，並在組內分享己見，同時提出理想中的兩性溝通模式，並將所見所聞舉例分享。「性別平等──理想圖騰」討論議題：

（1）「吵」是兩性溝通的唯一方式嗎？如何溝通才能雙贏？

（2）作者透過「浣衣」表達內心的羞怯和甜蜜，那你用什麼方式表達「愛」？

（3）「分手」是愛情的終點還是起點？你理想中的「分手方式」是什麼模式？

3.效標：

透過讀書會賞析文意，擴大視野、涵養人格，透過討論增強EQ修養，學習更多兩性平權的精神。

三重奏：課後延伸

【文學練功房（Homework）】 3min

教師叮嚀學生回家做功課時，也留一點空白時間給學生思考：今天學到了什麼？

⊙ 多元文化：「K歌情人」

同第一節課。

⊙ 生命教育：「夢想線條」學習單

1.操作：

作者追尋自我生命本質的同時，愛情水經走入卷終，可見「自我實現」是人生的重要課題。如何透過「認識自己」、「珍愛生命」，進而懂得珍惜、守護他人？「夢想線條」是一張簡化的「生命年表」，循著線條的脈絡，找回夢想的初衷。

2.效標：

文學不是只有一種表達方式，嘗試練習簡媜擅長的「圖文並茂」寫作方式，未來的圖文作家就在眼前！

（四）教學現場（第四節）

第四節課的重點在訓練學生進行閱讀感想的討論與寫作，同時進行紙本測驗，以兼顧升學實力。校園尋寶的攝影功課是學生下課後的娛樂，既可落實情境教學，又可當備審資料，真是一舉數得！

一重奏：課前引導

⊙ 音樂智慧：「我是小DJ——心情點播」 **5**min

同第一節課。

⊙ 生命教育：「失落的一角會見大圓滿」繪本閱讀 **10**min

1.活動：

可在網路上搜尋引用「失落的一角v.s失落的一角 會見大圓滿」影音，播放給同學觀看，並邀請聲情十足的同學上台為故事主角配音，全班投入尋找自己的閱讀活動。

2.效標：

以繪本開場，降低理解生命教育難度，小故事呈現大啟示。

二重奏：範文教學

【讀書會導讀】 20min

　　利用數位科技，播放電影《聽說》片段，理解「無聲溝通」、「追尋夢想」的重要性。

⊙ 人際合作智慧：「小組讀書會」

　　1.活動：

　　分組進行閱讀繪本的討論。

　　2.專題：「多元文化──缺角地圖」

　　以小組讀書會進行合作學習，每組共同討論繪本中「一角」與「大圓滿」的角色意義，並在組內分享己見，同時交換「夢想線條」學習單互評。「多元文化──缺角地圖」的討論議題：

　　（1）你覺得自己是「失落什麼的一角」嗎？那麼你在等待的是什麼？

　　（2）在你的世界裡有什麼人和「大圓滿」的角色很像？請分享。

　　（3）這個兩個故事對你有什麼啟發呢？

　　3.效標：

　　透過東西方文學作品對照出一樣的生命本質──人，活著就是不斷提升自己，才有幸福的希望和前進的力量。

⊙ 語文智慧：「紙本測驗」 **12**min

　　進行紙本考試，多元智慧和升學能力並進，才是創意教學的初衷。（98年統測題目：閱讀測驗──簡媜《老師的十二樣見面禮》）

三重奏：課後延伸

【文學練功房（Homework）】 **3**min

　　教師叮囑學生回家做功課時，也留一點空白時間給學生思考：今天學到了什麼？

⊙ 多元文化：「K歌情人」

　　同第一節課。

⊙ 自然觀察智慧：「校園尋寶‧植物寫真──花名片」活動

　　1.活動：

　　仿效作者以「水經」比喻初戀的滋味圖騰。來！以花正名，玩一場校園尋寶遊戲吧！每個女孩都是一朵獨一無二的花，你是什麼花？校園中尋找喜歡的植物，拍攝後請寫下描述自己的花名片。

　　2.效標：

　　學習別捨近求遠，善用校園資源也能進行美麗的文學饗宴！花名片可當備審資料的自我介紹，儼然另類自傳！

（五）教學現場（第五節）

　　第五節課的重點在增進學生的升學實力，引導正確多元的課外閱讀，學習「愛」的奧義，同時預告下一次「愛情主題」單元教學課程〈紅頭繩兒〉，鼓勵學生先自學閱讀。

一重奏：課前引導

⊙ 音樂智慧：「我是小DJ──心情點播」 **5**min

　　同第一節課。

⊙ 閱讀活動：「賞識別人」虛擬美術館 **5**min

　　1.活動：

　　在菜菜私塾部落格秀出學習單照片，「夢想線條」、「攝影寫真──花名片」絢爛多姿的美麗烙印，培養同儕之間互相觀摩、學習的態度。

　　2.效標：

　　教室外的教室──使用部落格收藏學生作品，增加學生自信心和見賢思齊的修養，落實二十四小時不打烊的遠距教學，拉近師生關係。

二重奏：範文教學

【測驗引導】 **8**min

　　自製教學簡報，複習〈水經〉全課課文形、音、意重

點，並佐以圖片加深印象。

⊙ 語文智慧：「紙本測驗」 **20**min

　　進行紙本考試，多元智慧和升學能力並進，才是創意教學的初衷。

⊙ 人際合作智慧：「小組讀書會」 **9**min

　　1.活動：

　　進行小組討論試卷。

　　2.專題：〈水經〉評量試卷

　　以小組讀書會進行合作學習，討論答案並適時發問，教師現場解題，並引導歷屆考古題習作。

　　3.效標：

　　傳統教學與創意討論並進，增進學生閱讀和解題能力。

三重奏：課後延伸

【文學練功房（Homework）】 **3**min

　　教師叮嚀學生回家做功課時，也留一點空白時間給學生思考：今天學到了什麼？

⊙ 多元文化：「K歌情人」

　　同第一節課。

⊙ 閱讀活動：「推薦閱讀」

1.操作：

推薦閱讀書單，學生課餘可以接觸更多元的閱讀媒材。

（1）電影：《聽說》

（2）書籍：《千江有水千江月》

2.效標：

全方位閱讀才是學習的真諦，「聽說愛情」培養健康的幸福人生觀。

二、這不是休止符：〈紅頭繩兒〉教學預告

教師透過每一次的教案操作獲得新的啟發，再接再厲適時修正教學方式，才能傳遞給學生「最需要」的文學養分，〈水經〉的初戀情懷引發學生對大學生活的憧憬和初戀的綺想，接下來另一種初戀滋味的〈紅頭繩兒〉正蓄勢待發。教師可進階引導「化小情小愛為國家大愛」的真諦，帶著學生進行一趟歷史尋根記。

進行〈紅頭繩兒〉教案之前適逢月考結束，特地安排日本動畫大片《夏日大作戰》作為課外延伸閱讀。

透過電影看世界是全方位的學習，優質的多媒體資源勝過傳統抄寫或填鴨式講道理，例如高票房的動畫《天外

奇蹟》，前20分鐘的戲碼就是一場饒富趣味的愛情文戲，值得適度引用作為教學資源。菜菜特地設計貫串國文第四冊課程的學習單「奧斯卡‧電影院」，引導學生深入影音閱讀，來一場光與影的深度旅行。

《夏日大作戰》學習單分成紙本和「閱讀金頭腦」簡報兩類，紙本學習單呈現於本篇文末加映場的終場。

以電影引導進入課文閱讀，〈紅頭繩兒〉的教案將是另一場浪漫的冒險，不但有肢體運作智慧的戲劇活動，更有家國民族的民主精神涵養。小說化的散文是寫作的下一站幸福，若有機會，請再讓我「情」光乍現一次分享教學現場。

〈聽，說！愛情三重奏〉只是開始，拋磚引玉的蝴蝶效應想必能遇見更多驚喜。《小王子》書中有一段令我醉心的文字，是這樣說的：「假如你愛著住在星星上的一朵花，那麼晚上望著天空，都會覺得甜蜜，因為所有星星在你眼中都開花了。」

是的，我愛上用多元創意教學和學生談戀愛，「愛」讓人覺得幸福而有動力。一次次的教案都是愛的體現，也邀請您和我一起哼唱「幸福」旋律，親嘗「五線譜祕密」的芳甜。

特別加映場

第一場：文章拆解

〈水經〉課文大意補充

◎課文解析：學習作文布局　　　　　　　　　　　　　　　　／卓憶嵐

	段落結構	大意
以水貫穿愛情起落	起：1～2段	破題：戀愛起源（水的聲音開始） ✎ 請仿句：我的愛情像一部《水經》。 仿句練習：我的愛情像（　　　　　　　　）。
	承：第3段	縱情大自然，鋪展愛情魅力。
	再承：4～5段	生活細節：製造情趣、甜蜜幻想、戀愛高潮。
	轉：第6段	愛情矛盾：情緒轉折。
	合：第7段	戀愛破局：導入反思，呼應題旨。

◎段落拆解：學習如何鋪陳

第一層次（1～2段）
1. 比喻自己的愛情是部《水經》，說明日後戀愛過程的起伏酸甜，也暗示戀情的無疾而終。
2. 寧靜的午後，作者放下頭髮讓風梳理的動作，無意間邂逅了男主角。
❀ 修辭練習
1.（　　　　　　　　）：把盤著的長髮放下來讓風梳一梳。
2.（　　　　　　　　）：他的眼珠子如流螢。

第二層次（第3段）
1. 作者心動對方的一席話及海天野宴而譜出戀情。
2. 我不遠千里而去，希望結束生命的總合命題之枯思……分析生命絕對沒有享受生命來的重要。

❀ **修辭練習**

1.（　　　　　　　　　）：飛機在太平洋上空行走。

　　　　　　　　　　　　讓陽光吮黑手臂！也不拒絕風的搜身！

2.（　　　　　　　　　）：夏天之大，大得只能容納兩個人。

3.（　　　　　　　　　）：我可以把鞋子……！我可以將長裙……。

第三層次（4～5段）

1. 情侶之間發展出屬於自己的真情密碼。

2. 女主角貼心為情人準備水，竟和螞蟻吃味。

3. 由浣衣的動作及衣服糾纏浸泡，延伸曖昧想像而嬌羞，含蓄之中將小情侶的甜蜜愛情表露無遺。

　　✎ 設定屬於自己的真愛密碼：（　　　　　　　　　　　　　　）

❀ **修辭練習**

1.（　　　　　　　　　）：又大又漂亮的杯子、濃濃白白的牛奶、

　　　　　　　　　　　　一面上樓一面覷著。

2.（　　　　　　　　　）：赦去我的羞與怯！

第四層次（第6段）（轉）

1. 好強、剛硬的兩個人堅持己見的爭論，進而鬥氣不肯認錯。

2. 事後心繫對方的兩人，深懷愧疚及情意，原來都用行為在贖罪。

　　✎ 說說你什麼時候會這樣固執？

第五層次（第7段）（合）

1. 相對於之前戀愛的熱情，作者以極大的反差書寫兩人分離的心路歷程。

2. 作者傾聽自我內心的聲音，思索生命意義及兩人未來，而理性抉擇結束愛情。

　　✎ 好的愛情，讓你找到自己，你說呢？

❀ **修辭練習**

1.（　　　　　　　　　）：我重新被理智攫住，接受盤問、鞭笞！

2.（　　　　　　　　　）：無止境的追尋，無止境的失望！他不也是

　　　　　　　　　　　　開始寒顫，開始恐懼。

班級：　　　　　　姓名：　　　　　　座號：

第二場：寫作抱抱

夢想線條（從夢想看現在）

/卓憶嵐

不愛寫作的孩子，看過來……

我想要給你，一條名為「夢想線條」的未來。

步驟：請跟我來。

① 請畫上一條直線。→

② 一端畫上現在的你。→

③ 一端畫上未來的你。→

④ 現在的你正走向未來。（請標上年歲）→

⑤ 請想像未來達到夢想的你。（請標上年歲和夢想）→

⑥ 然後在這條線上倒著走。→

⑦ 一格一格從未來走回現在。→

⑧ 一格一格問自己在達到未來的你之前，你必須先達到什麼地方？→

例如：若要25歲出嫁，那24歲呢？23歲呢？→

⑨ 一步步逼自己規畫出每一年的自己。→

⑩ 你就會發現：時間永遠不夠用，努力要趁早。

試試看，因為你值得。不要永遠坐著等，夢想不是天上掉下來的禮物！

範例：

　　18歲，高中畢業。→

　　30歲，想當閒妻良母。→

　　於是我問自己：

　　29歲呢？要跟命定的戀人感情穩定……　→

　　28歲呢？要跟命定的戀人互許未來……　→

　　27歲呢？26歲呢？25歲呢？　→

　　因此，你很容易知道，你明天必須做什麼？

　　　畫圖，可以寫出一篇夢想，更可以拉出你的未來。

　　　　　　給你，

　　　　　　　夢的線條。

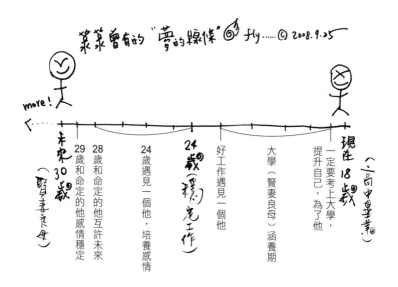

第三場：莯莯私塾・情境教學

我的花花世界＝尋寶＋寫作＋愛！

/卓憶嵐

古老的傳說……

烏龜厚殼經過火的紋身後，呈現預言的徵兆；咖啡渣在杯底滑過的舞姿，解讀示現未來的圖騰；膜拜神祇長跪後的雙爻，正反的排列組合中，指引芸芸眾生不可預測的下一步……

那，你知道嗎？親愛的。

一朵花，代表一個花語，一瓣粉嫩，訴說的是不能說的，祕密……

我的花花世界，花占卜，開始。

莯莯魔法師

〔魔法一〕校園之美尋寶圖
1.校園地圖一份，配合校園導覽：請隨時標記路線和植物寶藏，將成為個人專有VIP私密勝地。 2.攝影、錄影設備：捕捉影音之美，記錄植物生態。 3.一顆心：別忘了架好心靈攝影機。小王子說：「世界上最珍貴的事物，是用肉眼看不到的！」 （CLASS：作文一點通・單元七・練習二）
〔魔法二〕旅行明信片
1.準備卡紙，裁切長寬，大小恰好放入手工明信片透明護套中。（莯莯已準備） 2.挑選一張自己最喜歡的校園之美寫真，並為其下一個美麗標語。（廣告標語・詩句練習） 3.手工旅行明信片，可先擬草稿，可加注卡片設計理念，並說明此卡用途。 （CLASS：詠物篇・延伸創作）

我是卡片

設計理念：

〔魔法三〕花兒悄悄話

請教師將校園俯瞰圖（可稱之為「校園之美藏寶圖」）印製給學生，從認識的植物中，選美出五位最喜歡的花姑娘，請用一句話描述她，並加上她的花語。

（例）野薑花：一隻隻水色的蝴蝶在池畔翩翩起舞。花語：帶來快樂、激勵與信賴。

1.

2.

3.

4.

5.

（CLASS：作文一點通・單元六〈狀物〉・延伸創作）

〔魔法四〕你的祕密花園

在導覽的過程中，咱們美麗的校園裡除了植物之外，你還發現什麼呢？請使用摹寫觀察法寫下來，並記錄心情感受。

（例）聽覺：蟬鳴。感受：夏天真的來臨，蟬聲唱醒了這一季繽紛。

1.

2.

3.

4.

5.

（**CLASS**：作文一點通・單元六〈狀物〉・練習二）

活動迴音牆

攝影文學、旅遊文學都是從觀察開始，語云：「萬物靜觀皆自得」，親愛的，打開你的心眼，美麗景物自然充塞於天地之間，感動更是恆久不變的記憶，你說是不是呢？分享心動吧！

我是小導遊：

班級：　　　　　姓名：　　　　　座號：

終場：奧斯卡・電影院

春季影音讀書會

/卓憶嵐

課程延伸	1.閱讀文選〈虬髯客〉俠義，正義！ 2.〈水經〉許我一段美麗的愛・情！ 3.〈漁父〉愛國情操與生命情調。 4.〈元曲〉人生如戲、戲如人生的文學出口。 5.〈死去活來〉親情倫理思考。	
片名	《Summer Wars》（夏日大作戰） 請自訂另一片名：	
網路資源	影片簡介：	
讀書會	讀書會名稱：	組長：
	導讀：指定分享（全組）	
	延伸閱讀：各組總結	
0：00～18：50橋段・小組議題討論		

Q1：「OZ」不只是一個虛擬的網路世界，甚至是人類生活的便利工具，請問在你的上網經驗中，有哪些「網路」資訊、軟體、平台是「正向網路」，讓你生活更幸福？原因為何？請分享。

ANS：

Q2：劇中夏希任性要求健二當她的「四天男朋友」，請分享目前的你對
　　「未來理想愛情」的藍圖為何？可以自由分享內心嚮往，例如：外
　　型？內在？交往模式？⋯⋯（〈水經〉）

ANS：

18：51～52：55橋段・小組議題討論

Q3：「AI-Love Machine」駭客惡搞網路系統，造成生活時序大亂，盜
　　取帳號無惡不作可能會造成危機，90歲的奶奶不但打電話要子孫們
　　堅守崗位、「奮力作戰」，甚至一一通知日本各單位高層人員守護
　　人民，這種見義勇為的精神令人敬佩，事後功成不居的態度更令人
　　感動。請討論你對奶奶這種高尚情操的感受？如果是你，會怎麼做
　　呢？（閱讀文選〈虯髯客〉）

ANS：

Q4：承Q3，健二也力圖以自己的數學專長破解數字密碼登錄「OZ」網站，試圖貢獻一己之力挽救網路危機、修復系統。如果有一天世界危機發生，需要正義之士，你會盡力去守護大家嗎？即使不知道會不會成功？為什麼？（〈漁父〉）

ANS：

Q5：劇中的宅助開發了駭客「AI-Love Machine」，強烈的求知欲功能造成網路大亂，他卻袖手旁觀、推卸責任，最後被奶奶以「家法」處置後離開，你對宅助的行為有什麼看法？你對奶奶的處理方法認同嗎？為什麼？（〈漁父〉）

ANS：

Q6：奶奶說：「自己人犯的錯，就得自己人處理」，你認同嗎？為什麼？延伸到生活裡，如果不小心犯錯，要逃避還是面對？一個家庭要共同承擔甘苦，一個班級、一個社團、一個國家都是相同道理，請分享你的「團體經驗」中團結或不團結帶來的後果。（〈漁父〉）

ANS：

52：55～01：23：25橋段・小組議題討論

Q7：奶奶臨終前以花牌當賭注，希望健二好好照顧夏希，但缺乏自信的他不敢答應……，給人幸福是多麼不容易的一件事情呀！年輕的你具備了什麼能量帶給他人幸福呢？請和小組分享你能帶給別人幸福的魔法是什麼。（〈水經〉）

ANS：

Q8：夏希對奶奶的離去非常悲傷，在健二面前放聲大哭，令人思索不管有沒有親人離去，這種傷痛是一生必經之路。如果身邊有朋友面臨失去親人的傷痛，你會怎麼陪伴他度過憂傷期？如果是自己，又要怎麼面對、克服低潮？（〈死去活來〉）

ANS：

Q9：陣內家的女人們忙著辦喪禮，陣內家的男人們卻忙著「以戰鬥代替弔唁」，同心協力用盡各種資源想要抓住這網路駭客。你是否有過這樣的經驗，和某一群人有共同的意志去追尋同一個理想？不管成敗，過程才是重點，你的感受如何？說來聽聽吧。（閱讀文選〈虯髯客〉）

ANS：

Q10：就在圭住馬哭泣保護不了家人的同時，健二説：「還沒有輸，就像
　　　數學一樣，放棄就無法解開，答案永遠不會出來！」你是否有過對
　　　生活無可奈何的時刻？最後你選擇放棄還是面對？結果如何？如果
　　　再給你一次機會，你會怎麼做？（〈元曲選〉）

ANS：

01：23：25～01：53：16橋段・小組議題討論

Q11：全家人團結面對困難是陣內家的家訓，再困苦也要永遠在一起，即
　　　時沒有遺產也要全家快樂的吃一頓飯……你們家傳承的意志是什麼
　　　呢？請和大家分享。（〈死去活來〉）

ANS：

Q12：片尾曲〈僕らの夏の夢〉（山下達郎）充滿對人生的希望，好棒的
　　　勵志歌曲！日本動漫總是這樣激勵人心，請推薦一首好聽的歌曲，
　　　讓人聽了能夠充滿光明的希望和動力，任何語言不拘，請寫下歌
　　　詞，並寫出推薦原因。（〈元曲選〉）

ANS：

Q13：請推薦優良動漫作品，並分享你對這部影片的評價。（出版社、作
　　　者都要唷！）

ANS：

班級：　　　　　　姓名：　　　　　　座號：

魔法祕笈NOTE

（1）創意教學的設計：多媒體和資訊科技

（2）創意教學的願景：想像力就是超能力

（3）創意教學的教室：編織一雙飛翔翅膀

第二堂魔法課

滑鼠的祕密—故事力

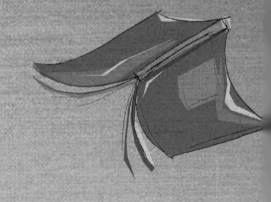

用聲光效果吸引孩子學習

從來沒有一個教育學程的教授會告訴未來的老師們，「滑鼠」好比哈利波特的魔法棒那樣神奇，更沒有人會百分百相信「電腦媒體」的正向教育力量，因為它在資訊爆炸的時代裡扮演絕大部分「娛樂」、「消遣」、「沉迷」、「遊戲」……等負面形象、浪費時間的代言者。

然而，逆向思考孩子們對電腦的「癡心」，不外乎是「生動」、「有趣」、「易懂」、「聲光」、「新鮮」等元素，所以讓我們來做幾個假設：

① 如何讓國文課變「生動」？

口才好的老師講課就足夠迷倒眾生了，那口才不夠好的呢？或者，若是可以「更」生動呢？

② 如何讓國文課變「有趣」？

要求身負升學重任的「國文講堂」講述內容五十分鐘都充滿趣味？那還真有點困難。因為上課有考試、趕課、內容限制的壓力，沒有壓力，哪來高分升學率？如此一來，國文課還能「更」有趣嗎？

③ 如何讓國文課變「易懂」？

背誦國字、注音加注釋，還要來個默寫、文言文，你說，在白紙黑字的國文課本裡囚泳的中學生，字字都認

識，卻不能「易懂」，原因是中國五千年來的文、史、哲都在國文天地之中。如果國文需要變得簡單，那該如何變得「易懂」？

好了，以上三個假設暫且打住。再問下去，你會說「夠了」，所有的熱血教師是不是又會回歸到「傳統教學」？躲在一言堂的象牙塔裡揮灑青春，不是輕鬆省事多了？

其實不然，這裡頭大有玄機，簡單的說，不只是國文課，任何一堂課的老師都必須先問自己：要帶給同學什麼樣氛圍的教室？要如何設計適合同學的教材教法？「因材施教」不只是針對學生，也是針對老師，畢竟老師不是超人，不可能十八般武藝樣樣精通；換句話說，誰不喜歡當個上課生動、有趣、易懂的麻辣鮮師呢？重點就在這裡，怎麼扮演？那就需要幫手。

用滑鼠說故事

一個受歡迎的適任教師，除了專業基本實力之外，不外乎要具備幽默、口條好、長相吸引人（不一定非要俊男美女）、有愛心、耐心、教學靈活……，可，教師不是完人啊！所以回到第一堂魔法課的奧義，必須適當使用科技媒體借力使力。那教師的目標是什麼呢？我說，目標是：

「當個說故事高手」！

誰不愛聽故事？

從老至少，打從娘胎的胎教，人人都愛聽故事。

一個會說故事的老師上起課來絕對處處精采、談笑風生，「咻！」一聲歡樂的時光就過去了，滿座學生都捨不得下課呢！那麼請容許我下個結論，滑鼠就是教師的魔法棒，在「魔法學堂」中扮演令同學感到「生動」、「有趣」、「易懂」、「聲光」、「新鮮」等元素的重要教學輔具，而它的功能就是加強教師「說故事」的能力，讓故事變得更吸引人，讓教室變成一座小型戲院，讓台下坐滿一場又一場捨不得離開的戲迷學生。

老師們手持滑鼠就像輕點魔法棒的魔術師，必能將教育趣味化、深入民心！

我們再來個假設，例如上〈劉姥姥進大觀園〉這一課，或許教師本身說書的能力很強，可以將課文活靈活現演出來，但是，如果又要演、又要說文意道理，甚至還得粉墨登場扮上愛哭的黛玉，才能讓同學愛上你的課，進而親近《紅樓夢》，那豈不是有點太為難老師了？課堂的時間壓力是老師創意的殺手。

可是如果先來個十分鐘的《紅樓夢》影音欣賞，讓同

學們透過戲劇了解課文，老師便不需要追逐文字的引導解讀，就能馬上進入文意層面的賞析；開了戲癮之後，接下來再請同學回家自學，透過遠距教學欣賞整齣影片，如此一來不但節省課堂時間，又能訓練同學獨立思考的能力。接著規畫小組報告時間，引導同學培養「資訊整合能力」，學習如何有效的上網查詢圖片、相關資料，以便進行下一堂課的「十二金釵瞧一瞧」分組口說訓練。這可是「語文教學」的重點，讓孩子們學習說話的藝術。

如果還有時間，全班一起上機進行「十二金釵」心理測驗，並在教師部落格使用得體的文字回應，進行心得交換……，不但提升教學的心靈層次，更可以藉機匡正同學使用部落格、網路的文字禮貌，同時還可以打造「不打烊的教學平台」，讓孩子們時時可以運用科技將文學融入生活。

如此一來，您相不相信孩子們一定會愛上《紅樓夢》？

輕鬆借力輔具上課，不但不會拖延課程進度，更能激發同學的創意，同時將文學種子悄悄埋進孩子們的心田，準備等待藝文生活的萌芽。資訊科技融入教學不是一天兩天的口號，在浩瀚的網路資源中，可找到無數幫助教師教學的星星火炬，那是一種分享的溫柔敦厚，更是薪火相傳的

在在證明。不管是哪一科的教師，或是想要學習更多創意的家長、學子，都可以善加使用，將其內化變成自己獨特的養分。

滑鼠曾經幫我營造了一個成功的「紅樓夢文學祭」，至今它還是同學心裡澎湃的文學浪潮呢！請相信我，滑鼠，不管有線無線，都是說故事高手，接下來請聽聽滑鼠如何說故事。

以下可視為「網路資源大搜查」，我將略舉幾例和大家分享，讓滑鼠和手指的溫度，不再只是按個「讚」而已！故事力從指間開始。那麼來吧！

教育部・北一女「國文學科中心」

北一女國文學科中心（http://chincenter.fg.tp.edu.tw/cerc/）有豐富的教學資源，是教育部推動國文學科資訊融入教學最重要的網站。從這個網站可以連結到教育部電算中心（http://web.fg.tp.edu.tw/~chincenter/blog/?page_id=298），內含高中國文科數位教材共40課，1103個元件提供教師使用，可線上或下載使用。

每課教案完整，有「課程資訊」、「課程題解」、「作者介紹」、「課文鑑賞」、「綜合活動」、「測驗評

量」、「延伸閱讀」、「資料來源」單元，教師可點選適合的單元，進行多媒體融入教學的活動。每一個環節都有不同的運用方式，教師可發揮排列組合教案順序，讓創意再創新意，終極效果是完美的呈現教學目標、輔助教學順暢進行、引導同學投入文學的學習，創造一個快樂學習講堂。接著菉菉將一一分享使用心得。

🖱 古典散文：師說・韓愈

★課程：〈師說〉

★創意教學：「互動練習」──「『搬』師回朝」、「時空快遞」、「問題討論」

★智慧連結：http://hsmaterial.moe.edu.tw/file/chinese/LS18/L18.html

★使用心得：

〈師說〉是高一古文閱讀經典，也是奠定同學是否能接受文言文的第一類接觸，如果教室能加入一點玩遊戲的氛圍加以調和，不僅可解除新生對環境、學科不適應的陌生感，還可以進階培養對國文的初次好感！

「『搬』師回朝」、「時空快遞」兩個單元可請同學上台玩玩國學常識，有點類似連連看的活動，前者認識「唐宋八大家」，後者明白「作者與著作」的關係。

建議可在教室使用大投影屏幕，全班一起進行，可分組派人上台或邀請志願者，別忘了不管答對與否，都要口頭或記點加分正向鼓勵唷！如果在電腦教室使用，教師可以使用中控方式讓全班一起同樂，活動結束後留三分鐘讓同學自行上線使用，可達寓教於樂的效果。

「問題討論」的優點在於可以直接按「答」看到正解，不需要印出紙本為同學解答，不僅為環保教育的示範，也可放在課後以訓練同學獨立思考能力。開放性的問答之間可以激發出火花，鼓勵課堂發言，這是將教室交回給學生的第一步，不但可以培養師生之間的活潑互動，減少文言文的枯燥學習，也能減少說理式的權威呈現。

建議可以先讓同學看到題目，進行小組讀書會，再請同學上台分享「自己」的意見。這個部分不僅可以增進推甄時需要的口說能力，更可以在無形中加強作文的邏輯力唷！

★魔法效果：

寓教於樂的遊戲互動增加親密感，口說與創作能力並進。

🖱 古典散文：燭之武退秦師・左丘明

★課程：〈燭之武退秦師〉

★創意教學：

　　1.「互動練習」——「春秋地圖」、「人物關係」

　　2.「綜合活動」——「角色扮演」

★智慧連結：http://hsmaterial.moe.edu.tw/file/chinese/LS01/L01.
　　　　　　html

★使用心得：

　　〈燭之武退秦師〉大部分放在高二課程，是一篇可以引導學習「說話藝術」和認識「先秦歷史」的好文，可提供豐富多元的學習，生動的對白也可以請同學譯成白話文做短劇演出。

　　「春秋地圖」、「人物關係」兩個單元可以讓同學先在線上自行練習，然後再以紙本考題或上課抽問搶答的方式，進行類似《百萬小學堂》的益智遊戲，將枯燥乏味的複雜國學變得簡單有趣。尤其是圖像化之後的「圖像記憶法」，更可以引導同學努力創造屬於自己的解讀語碼和符號來加強學習，同時也可以和歷史老師進行春秋歷史的協同教學！

　　建議使用方法除了上一段的自學法之外，也可以在教室

進行小組遊戲，更可以延伸其他先秦國家和人物的認識。請同學上網找先秦人物資料，吸收消化後，上講台依樣畫葫蘆設計「人物關係表」測驗其他同學，加強獨立思考及解決問題的能力。

　　「角色扮演」單元可培訓同學口說能力，「說話高手」不是紙本測驗可以養成的，卻是學生未來人生必須具備的人際能力。教師使用此單元時，可以運用「讀書會」或「辯論會」方式，同時也可以酌情修改活動內容。例如，可將「美術系」改成同學心目中的理想志願，同時同學藉由讀書會分享說出自己的志願，讓同儕燃起互相鼓勵圓夢的鬥志，也可以藉由分享，了解自己的不足或方向是否需要調整。

　　★魔法效果：

　　寓教於樂的遊戲互動，增加國學常識的長期記憶力；小組讀書會討論則可增進說話的藝術。

🖱 古典散文：桃花源記・陶淵明

★課程：〈桃花源記〉

★創意教學：

　　1.「互動練習」──「落英繽紛」、「迷霧桃林」、「打啞謎」

　　2.「綜合活動」──「戲劇演出」

★智慧連結：http://hsmaterial.moe.edu.tw/file/chinese/LS24/L24.html

★使用心得：

　　〈桃花源記〉一開始的動畫做得極好，聲光與古典畫面精準配合課文，可以在上課前使用，以製作精美的多媒體內容吸引同學進入古典世界。

　　「落英繽紛」單元可放在課後進行「通同字」複習，因為只有五題，所以建議搭配「迷霧桃林」、「打啞謎」一起進行。邀請自願的同學上台回答，或是抽點加分，記得要正向鼓勵才會有《百萬小學堂》的歡樂氣氛唷！

　　「迷霧桃林」以連連看的遊戲方式進行國學和字義的測驗。

　　「打啞謎」則比較困難，可讓同學以課文對照方式進行，有三種玩法：初階「Open Book」搶答，中階「小組接

力」競賽，高階「默寫記憶力」，可視班級屬性和程度實施。

「戲劇演出」單元可以成為跨課程成果展的大活動，建議以「小組讀書會」分工合作，依照準備方向人人有責，放在學期末當成「中文劇展」，應該是相當有趣的一個活動。不僅可以觀照課文理解、文意賞析，還可以開發同學的人際合作和肢體空間的智慧，培養美學和音樂的素養，可謂一魚多吃的好活動。

★魔法效果：

寓教於樂的遊戲互動，可增加國學常識的長期記憶力；小組讀書會的「戲劇演出」則可增進全方位的智慧開發。

✪ 古典散文：醉翁亭記・歐陽脩

★課程：〈醉翁亭記〉

★創意教學：

　　1.「互動練習」——「剝筍法」、「四季景色」

　　2.「綜合活動」——「角色扮演」

★智慧連結：http://hsmaterial.moe.edu.tw/file/chinese/LS07/L07.
　　　　　　html

★使用心得：

　「唐宋八大家」領袖級人物歐陽脩的作品是古典散文入門之始，〈醉翁亭記〉更是遊記、抒情的上乘之作，引導同學進入文中遊賞山水之美，並提升個人的心靈層次。

　「剝筍法」單元的互動練習，可以在朗讀課文之後，請同學上台牛刀小試。採取不解釋古文，先引導同學從第一段理解文言文的方式開始培養信心，並藉此訓練同學自學畫線斷意，找出每一段中的文意層次，同時又可學習「剝筍法」的遊記寫作方式。

　「四季景色」單元是透過實景讓同學領略文字之美的連連看活動，也是相當短小有趣的小遊戲，和「剝筍法」一樣，建議在課文尚未講解翻譯之前，引導同學自學理解並透過遊戲獲得信心。

「角色扮演」單元可以使用的方法有二：一是戲劇演出，二是劇本寫作，端看教學進度和班級特性決定。此單元可以是〈醉翁亭記〉文旨的延伸，透過「貶謫文學」的賞析引導同學培養生命教育、珍愛自己的體認。文學的奧義就在這裡，不是單純的只有字詞的背誦而已，更多的是生命情調的養成。

★魔法效果：

寓教於樂的遊戲互動，可增加作文文法技巧；「角色扮演」活動融入生命教育課程，可培養同學成為高EQ的時代菁英！

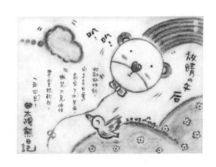

🖱 現代詩歌：一桿稱仔・賴和

★課程：〈一桿稱仔〉

★創意教學：

　　1.「語文基礎」

　　2.「互動練習」——「台灣俚語」、「外語入侵」

　　3.「綜合活動」——「寫作練習」

★智慧連結：http://hsmaterial.moe.edu.tw/file/chinese/LS29/L29.

　　　　　　html

★使用心得：

　〈一桿稱仔〉反映日本殖民時代台灣人民的真實心情，可以透過戲劇演出，讓同學明白課文意涵。同時，為了精省課文長度以免影響上課進度，可先安排讀書會讓同學先行閱讀，教師就有更多時間引導同學寫作。

　　由於是語體文，可透過「語文基礎」單元，讓同學了解日據時代的作家的寫作文法和修辭。

　　「台灣俚語」、「外語入侵」兩個單元可以加強「外來語」的常識，可以在課堂上直接請同學上台玩，甚至可以在課後請同學自行上網找出「外來語」的資料，在指定課堂進行「小組搶答」遊戲，寓教娛樂。

　　「寫作練習」是創意十足的單元，引導學生將課文改

編成劇本，並透過分組的方式演出，不僅可以開發語言智慧，更能促進人際關係和肢體運用的智能，一舉數得！

★魔法效果：

把小說變成戲劇，把國文講堂變成戲劇表演小劇場，創意十足。

LOVE CLASS

🌑 現代詩歌：白玉苦瓜・余光中

★課程：〈白玉苦瓜〉

★創意教學：

　　1.「互動練習」——「詩與文物」、「歌曲典故」

　　2.「綜合活動」——「角色扮演」

★智慧連結：http://hsmaterial.moe.edu.tw/file/chinese/LS28/L28.html

★使用心得：

　「左手寫新詩，右手寫散文」的詩歌大師——余光中，他的作品不僅是新詩賞析入門之始，〈白玉苦瓜〉更是經典之作。不管是作文還是選擇題，余光中的作品經常是大考中心的出題方向，可透過大量介紹的新詩課外閱讀，培養同學賞析和創作的能力。

　「詩與文物」單元的互動練習，可以在進入課文之前，請同學上台以四張文物圖片玩遊戲，引導同學從生活中培養文藝氣息，藉此了解其文學生活的豐沛與否，以便酌量增減補充課外藝文訊息。

　緊接著進行「歌曲典故」單元，引發同學對詩歌的興趣，以古今流行詩歌進行連結，並在遊戲後播放歌曲，供學生小組討論或上台分享心情，這樣的詩歌教學才能達到

師生互動的氛圍，並刺激學生從事「詩歌創作」。

　　以前兩個單元為課程引導，在紙本課程之後進行「角色扮演」。「鄉愁」是余光中作品裡的重要元素，透過角色扮演，「全方位」的開發劇本、音樂、肢體、表達等多元智能，讓學生從生活的觀察開始培養創作力，在個人情緒中昇華藝術。

　　課外延伸部分，可鼓勵學生從事「流行歌詞創作」，透過創作來抒發生命情懷，並與年輕歲月的生活接軌，如此一來，寫作就不是一件苦差事，反而是生活中最美的青春紀實。

　　★魔法效果：

寓教於樂的遊戲互動，培養文學素養；「角色扮演」活動融入藝術創作課程和生命教育，培養學生將文學融入生活的好習慣。

◑ 現代散文：夏之絕句‧簡媜

★課程：〈夏之絕句〉

★創意教學：

　　1.「互動練習」——「聽聲辨詩」、「招財進寶」

　　2.「綜合活動」——「聲音猜謎大會」

★智慧連結：http://hsmaterial.moe.edu.tw/file/chinese/LS20/L20.html

★使用心得：

近年來多加一重「親子作家」身分的簡媜，她的散文作品不僅兼容女性自覺、鄉土意識，早期的部分文章更是一瓶令人耳目一新的愛情香水，例如：〈水經〉。本篇〈夏之絕句〉很適合在夏季教學，字句充滿藝術性，適合高一學生學習散文入門之佳篇。近年來簡媜的作品也經常是大考中心閱讀測驗的出題方向，可透過大量課外閱讀的介紹，培養學生賞析和創作的能力。

「聽聲辨詩」單元的互動練習，可以在課後請同學上台挑戰視覺和聽覺的遊戲，引導學生從古典詩中找尋以具體事物描繪詩中意象的句子，並藉此了解學生古典詩的基礎程度，以便增減課程中課外講義的補充。共有5題10個選項的小遊戲，很適合作為師生互動的開場遊戲，古典詩文還

可以成為課後補充的媒材，一舉兩得。

「招財進寶」單元則是驗收學生對本文的「修辭」是否熟稔，以60秒的速度考驗8題課文修辭，刺激又有趣！白話文的教學目標除了賞析課文旨意之外，就是希望學生仿寫名家筆法，培養練習修辭、文法布局的作文之道。

以上述兩個單元為開端之後，再請同學上台進行「聲音猜謎大會」，延伸課文旨意──夏天的聲音，並進階結合現代詩的創作，透過集體創作方式以趣味競賽呈現成果。「全方位」寫作的教學目標若加入多元智能，可以培養學生團隊創作的小組精神，並引發對現代詩的興趣和對周遭生活的美學觀察。

★魔法效果：

寓教於樂的遊戲互動，培養文學素養；「聲音猜謎大會」活動可融入藝術創作課程和小組合作學習，培養學生處處發現美的生命哲學。

數位典藏與數位學習網

　　數位典藏與數位學習網站（http://digitalarchives.tw/）可視為中研院的數位成果發表網站，從導覽就可以看見共有14個主題、56個領域。這是一個不斷在更新研究成果的網站，不只是國文科的專屬數位學習網，更是跨領域協同教學、全方位數位學習、並可從零歲教育開始的終生學習網站。

　　這個網站的最下方有一個「成果網站資源」，點選「學術研究」（http://digitalarchives.tw/research.jsp）即可看到不同的研究主題。

🖱 宋詞古唱的吟詠譜曲

★課程：〈水調歌頭〉／蘇軾

★創意教學：數位典藏與數位學習・研究・淺斟低唱──宋詞古唱虛擬實境教學

★智慧連結：

入口：http://digitalarchives.tw/site_detail.jsp?id=1570

操作區：http://cls.hs.yzu.edu.tw/CSP/index.html

★使用心得：

〈水調歌頭〉是宋詞經典閱讀佳篇，同時也是唐宋八大家蘇軾的千古絕唱，如果可以透過音樂開啟學生愛上古典的興趣，進階自學背誦宋詞，真是一舉數得呢！

本網站有「曲譜區」、「吟唱曲」、「詩、意、象情境卡(圖庫)」、「唐宋詞全文資料庫」、「教學推廣區」。整個網站十分豐富，可作為教師課程補充和延伸的媒材，學生也可以在家中上網自學，使用數位學習無距離。推廣區介紹的是一些詩社，可讓學生見賢思齊，將創作融入生活。

★魔法效果：

可歌可唱，有圖檔有音樂，是培養古典詩詞的最佳學習網站。

🖱 現代詩的音樂欣賞

★課程：〈錯誤〉／鄭愁予

★創意教學：數位典藏與數位學習・影音・李泰祥數位
音樂博物館

★智慧連結：

入口：http://digitalarchives.tw/site_detail.jsp?id=923

操作區：http://lth.e-lib.nctu.edu.tw/muz-312.htm

★使用心得：

〈錯誤〉為鄭愁予原作，是現代詩經典；李泰祥是橫跨
藝術歌曲和流行樂曲的音樂大師，兩者合體，樂音無限。

透過網站可以看到大師的璀璨歲月，除了黑膠唱片珍
貴寫真之外，還有作品的詳細介紹，可透過網站了解李泰
祥的傳記，音樂、唱片、照片、影像記錄、手稿與研究。
更可以線上聆聽〈橄欖樹〉、〈錯誤〉、〈一條日光大道〉、〈春
天的故事〉、〈你是我所有的回憶〉、〈雁〉……等樂音，並
且有樂譜和midi音樂可下載。音樂區分為早期作品、民歌、
詩歌、室內樂、交響樂、藝術歌曲、現代音樂、原住民音
樂，可作為學生協同音樂課教學的自學天地。

★魔法效果：

從現代詩連結詩歌、民歌，鼓勵創作和音樂欣賞。

本土文化的原汁原味

★課程：〈腳印蘭嶼〉／阿盛

★創意教學：數位典藏與數位學習‧體驗‧原味料理

★智慧連結：

入口：http://digitalarchives.tw/technical.jsp

操作區：http://digitalarchives.tw/Theme/96EXPO/session_d.jsp

★使用心得：

「原味料理」小活動可以視為課後延伸活動，這是一個讓學生自學認識台灣的原住民文化後，可以在課堂上進行的益智小遊戲。可以測驗對原住民的了解以及線上知識庫的功力，也有進階挑戰唷！同時能測驗同學對台灣南島民族分布位置的認識。

本土文化的認識從遊戲開始，獨立學習的態度從搜尋開始，以非強迫式的遊戲增加學習興趣。

★魔法效果：

寓教於樂的遊戲互動，可加強鄉土教育！

🖱 認識本土漫畫家

★課程：〈風箏〉／豐子愷

★創意教學：數位典藏與數位學習‧資源‧漫畫數位博物館

★智慧連結：

入口：http://digitalarchives.tw/site_detail.jsp?id=1143

操作區：http://folkartist2.e-lib.nctu.edu.tw/collection/museum/index.htm

★使用心得：

豐子愷大師素有「中國漫畫藝術的先驅」之稱，在這裡課外延伸教學就是學生最喜歡的漫畫。不過，不是日本漫畫，而是認識本土漫畫家。從劉興欽、葉宏甲、牛哥等台灣前輩漫畫家開始，再慢慢延伸到現代當紅的陳弘耀老師，增添上課的弦外之音，全方位的學習不落伍。

★魔法效果：

國文課不再落伍而八股，新舊之間交替，漫畫也能成為熱門延伸課程。

漢字好好玩

★課程：〈蘭亭集序〉／王羲之

★創意教學：數位典藏與數位學習・珍藏特展・古漢文數位化後的呈現與應用

★智慧連結：

入口：http://digitalarchives.tw/Theme/icscard/index.jsp

操作區：http://char.ndap.org.tw/icscard/home.htm

★使用心得：

王羲之的書法自古以來就是藝術瑰寶，因此〈蘭亭集序〉的課外延伸活動就是認識漢字。近年來漢字數位化的展覽很多，透過數位學習，可以在家逛虛擬美術館，可說是雲端教學的一種。

本站資料豐富，有古漢字簡介、古今漢字演變示例、漢字構形資料庫、古漢字字形、王心怡文字畫展示、古漢字電子卡六個主題，可以視資料庫類型進行導覽，寓教於樂兩樣兼得。

★魔法效果：

漢字數位化更容易敦促同學認識漢字之美。

國立故宮博物院

　　國立故宮博物院網站（http://www.npm.gov.tw/npmwebadmin.jsp?do=index）相當於一座線上博物館，透過搜尋可一窺故宮珍品，以稍解無法親臨的遺憾，並可作為校外教學的遠距教學導覽及藝術學習的殿堂。點進「學校師生」，可以直接進入教育活動、參觀資訊、學校教學資源等主題，可是教學好幫手唷！

🖱 雲端上的美術館

　　★課程：〈白玉苦瓜〉／余光中

　　★創意教學：國立故宮博物館・「天人合唱」巧雕玉石展

　　★智慧連結：

　　　入口：http://www.npm.gov.tw/zh-tw/visiting/exhibit/exhibit_03.htm

　　　操作區：http://www.npm.gov.tw/exh99/jade/1_ch.htm

　　★使用心得：

　　〈白玉苦瓜〉是現代詩中的經典課程，實為學生習作詠物詩的上乘之作，寫物中帶有濃厚的情感，擬物中穿插歷史的血脈，雖然連結兩岸過去的沉重歲月，年輕學子不易理解，但文學超越政治包袱的魔力可慢慢消褪這層隔閡。

同時連結藝術欣賞的協同教學，可引導同學培養美學眼光；進入「巧雕玉石展」可喚醒靈魂中的清流，培養藝術品的鑑賞力，可謂線上虛擬美術館！

★魔法效果：

藝術無所不在，網路資源豐富可謂雲端教學教室。

🖱 古畫動漫

★課程：〈赤壁賦〉／蘇軾

★創意教學：國立故宮博物館‧展覽資訊‧古畫動漫：
明文徵明仿趙伯驌後赤壁圖

★智慧連結：

入口：http://www.npm.gov.tw/zh-tw/visiting/exhibit/exhibit_08.htm?docno=843

操作區：http://www.npm.gov.tw/exh100/npm_anime/index_ch.html

★使用心得：

〈赤壁賦〉為蘇軾經典散文賦，意境高妙、哲理深遠，如果只是講解文字表層的意涵，仍不足以表達文中精髓。透過古畫藝術傳遞文中精義，可培養同學主動學習的熱情。明朝水墨畫結合科技，變成會動的赤壁風情，相信更能添增幾分同學的學習興趣。進入「古畫動漫」展覽還可以觀賞其他經典古畫，可作為課外延伸「藝術鑑賞」網站。

★魔法效果：

古典那樣遙遠，科技那樣無距，兩者結合恰到好處，正好陶冶藝術靈魂。

書法鑑賞

★課程：〈蘭亭集序〉／王羲之

★創意教學：國立故宮博物館・故宮e學院・線上課程・中國書法圖書文獻

★智慧連結：

入口：http://elearning.npm.gov.tw/index.htm

操作區：http://elearning.npm.gov.tw/calligraphy/index_ch.html

★使用心得：

「中國書法圖書文獻」總共有四課，透過四集短片介紹書法的祕密，以〈赤壁賦〉的吟詠開始，就會變得淺顯易懂。書法是中國文化的瑰寶，雖然現代學生接觸書法藝術的機會日減，書法課也只在國小或課外學習、書法社團中落實，但還是必須培養中學生對書法藝術的認識和鑑賞。透過線上學習的小故事，引發同學對書法的認知與興趣，也是一種另類的國文課教學，一趟藝術教育的美學之旅。

★魔法效果：

書法藝術傳承不可斷，透過舊瓶新裝，仍可持續推廣。

國立台中圖書館

2012年國立台中圖書館新館正式開幕，成為中部學子豐富的圖書寶庫（http://www.ntl.gov.tw/）。走出教室，圖書館就在生活裡，鼓勵學生親臨寶庫，課外學習無上限，不僅資源豐富，也是大台中地區校外教學的好去處。

除了實體書本資源豐富，點進「數位典藏服務網」（http://das.ntl.gov.tw/mp.asp?mp=1），網站中的數位多媒體影音更是琳瑯滿目，好站推薦連結數量多，是為寓教於樂的書香寶山！

🖱 繪本初探

★課程：〈我只能為你畫一張小卡片〉／幾米

★創意教學：國立台中圖書館‧數位資源‧圓夢繪本資料庫

★智慧連結：

入口：http://www.ntl.gov.tw/RuleAndConducts/ReaderRules.htm

操作區：http://storybook.ntl.gov.tw/home/root

★使用心得：

〈我只能為你畫一張小卡片〉是國中國文課程，作者幾米已經是國際間家喻戶曉的繪本作家，透過線上繪本資源「繪本檔案」、「繪本源起」、「點閱排行」、「繪本瀏

覽」單元，深入了解繪本世界，引發學生創作的興趣。

　　同時國立台中圖書館鼓勵青年學子創作，發掘、培育繪本創作人才，開始在高中學校簽約，以推廣繪本閱讀為目標，為學生開創一個發表創作的平台，更為繪本閱讀注入強而有力的活水源頭，此連結資源可激發學生的創作火花，非常實用。

　　★魔法效果：

　　繪本創作可協同美術教育，再連結國文課的文字創作，為多元智慧的延伸。

🖱 從小說認識日治時期

　　★課程：〈一桿稱仔〉／賴和

　　★創意教學：國立台中圖書館・數位典藏・日治時期舊籍

　　★智慧連結：

　　　入口：http://www.ntl.gov.tw/DigitalMedia/DigitalArchives/collection.htm

　　　操作區：http://www.ntl.gov.tw/DigitalMedia/DigitalArchives/collection.htm

　　★使用心得：

　　〈一桿稱仔〉為「彰化媽祖」賴和的經典小說，「數

位典藏服務網」收錄的「日治時期日文舊籍」，可視為小說閱讀的課程延伸——認識日治時代的文化。「舊版報紙」、「古文書」、「地方文獻」等主題，可以作為同學主動學習的鄉土資訊材料，珍貴的數位化資料包括照片、文字和影音，可分組討論並分享各組搜尋的觀後感，一舉數得！

★魔法效果：

與歷史接軌是數位化的珍貴成果，透過資料查詢方式，培養主動搜尋的能力。

🖱 文學與電影的火花

★課程：〈魯智深大鬧桃花村〉／施耐庵

★創意教學：國立台中圖書館‧數位典藏‧電影與文學
資料庫

★智慧連結：

入口：http://www.ntl.gov.tw/DigitalMedia/DigitalArchives/
collection.htm

操作區：http://fl.ntl.gov.tw/film_literature/

★使用心得：

「電影與文學資料庫」總共有918筆資料，每一部電影
都有相關的書籍、電影、評論、You Tube影音連結，可以作
為每一課程的延伸閱讀。

以〈魯智深大鬧桃花村〉為例，可以介紹學生上資料庫
查詢《水滸傳》相關資料，深入認識古典小說，透過影音
引導，更容易愛上經典文學。

★魔法效果：

培養資訊搜尋能力及主動學習的態度，迸發文學與電影
的另一種絢爛火花。

國立海洋生物博物館

海洋文化是台灣得天獨厚的文學資源，身為福爾摩沙的一份子應該要認識海洋。

海洋生物博物館網站（http://www.nmmba.gov.tw/index.aspx）是一處繽紛的海洋文化資源集中地，其中「海洋教育中心」的「生態旅遊」、「校外教學」、「到校教學」、「海洋學校」、「教師研習」、「客製化活動」、「營隊」主題，更是豐富的教學資源，是學習海洋文化最棒的網站！

探索海洋奧祕

★課程：〈鬼頭刀〉／廖鴻基

★創意教學：國立海洋生物博物館‧台灣海洋平台

★智慧連結：

入口：http://www.nmmba.gov.tw/index.aspx

操作區：http://top.nmmba.gov.tw/

★使用心得：

〈鬼頭刀〉是海洋文學名篇，也是海灘遊俠廖鴻基老師經典作品之一。透過這篇作品，可適度加深同學對台灣海洋文化的認識。

進入國立海洋生物博物館網址，可點進「台灣海洋平

台」，此平台有許多關於海洋的影音報導，有認識海洋文學的豐富資料。其中「海洋學校生態資訊學習網」更是充滿豐富的海洋資源，例如「海洋生物」有許多珍貴的海洋生物寫真；「生態教室」有許多探討海洋保育的論文資料；「學習教室」除了有國小到高中的生態教案教材外，還有學習活動單可下載，其中「動動腦」單元更是類似百萬小學堂有趣的益智遊戲。「魚字邊下載」造字遊戲引導同學學習有趣的漢字，更是國語文教學的延伸活動。

另外珍貴的「影像資源庫」可以深入認識海洋裡的生物，是一個適合師生、親子終生學習的絕佳網站。

★魔法效果：

海洋文學是很棒的島國文化和資源的學習，人人都應該親近及學習，並予以了解和加強保育。

國立台灣美術館

「美學教育」是台灣教育中日漸重要的一環，從文學中建立美學五感最是適合。

落實生活美學從主動親臨開始，國美館一直是大台中學子的美學殿堂、校外教學的桃花源。如無法親自參觀，線上瀏覽（http://www.ntmofa.gov.tw/）亦可大飽眼福，洗滌心靈塵埃。「數位藝術」、「主題網站」、「網站連結」，都是遠距教學最棒的資源，可作為全民美學的最佳入口網站。

🖱 藝術中的文字魔力

★課程：〈萬鴉飛過廢田〉／洪素麗

★創意教學：國立台灣美術館

★智慧連結：

入口：http://www.nmmba.gov.tw/index.aspx

操作區：http://www1.ntmofa.gov.tw/artgame/index.htm?m1=2&m2=6&m3=0

★使用心得：

〈萬鴉飛過廢田〉是洪素麗收錄在《港都夜雨》的散文名篇，也是可以延伸討論藝術教育的課程。透過同學分組搜尋資料，先讓學生了解梵谷的相關資訊、欣賞名作《萬

鴉飛過麥田》；同時引導同學主動使用資訊融入教學的方法，進入美術館網站薰染美學氛圍。

「網路遊e室」有「色彩類」、「展覽類」、「典藏品」、「幼兒類」、「資源箱」等主題，藝術就在指間，一點風華再現！

★魔法效果：

美學教育是多元智能中重要的協同教學，也是心靈最重要的寶物。

可以說的魔法祕密還很多，尤其在日新月異、分秒更新的網路資訊世界中。

第二堂魔法課只是一個窗口，更多的網路資源和學習桃花源，等著指尖的溫度按下說故事的按鍵，每個人都可以從茫茫網海中找到屬於自己的知識寶藏，「說不完的故事」更可以是教與學之間最棒的超連結。

是人在說故事，但是借資訊之力，輕鬆達成寓教於樂的目標，不亦快哉！

魔法祕笈NOTE
（1）故事力的設計：透過多媒體說動聽的故事
（2）故事力的願景：做個出口成章的說話高手
（3）故事力的教室：培養終生學習的搜尋能力

第三堂魔法課

沒有圍牆的教室─
閱讀力+寫作力

打造教學的桃花源

如果可以選擇，每一位教師應該都會朝「快樂學習」前進，在「因材施教」中發揮所學，最後期待30年的志業可以在「有教無類」中圓滿。

但是，這是不可能的任務！

教育洪流上有太多的阻礙和無奈，有太多的現實和限制，所以，讓所有的熱血教師擁有一個小小美夢的途徑，那就是「打造一處教學桃花源」。

在這兒，只有教與學，沒有排名和競爭。

在這兒，只有開放的快樂學習，沒有封閉的一言堂。

在這兒，只有師生互動的真心，沒有權威的壓迫和功利主義。

在這兒，老師也是學生，學生也是老師，共享「教學相長」的真諦！

是的，這樣的桃花源是存在的！但不得不說，這也只有「資訊科技融入教學」後才辦得到。

請容許我野人獻曝打開「教學潘朵拉」的盒子分享，這一處桃花源雖是虛擬的，卻是需要的。大膽運用網路、多媒體、資訊科技的力量，我試著經營起「沒有圍牆的教室」，建立24小時不打烊的學習環境，只為了和學生營造

無遠弗屆的文學生活。

十幾年下來，從「奇摩筆記本」流浪到「Facebook」，我在各種不同的網路平台上，努力打造「文學桃花源」。過程中，挫折喜悅相參的心路歷程只有自己明白，但更多的是，學生從中獲得的快樂回饋，是支撐我在課餘致力推動「多媒體融入教學」的動力。

那微笑像一朵朵美麗的花，開滿我的心田。

孩子們的快樂學習一直是我的心願與方向。

一如電影《阿凡達》中營造的潘朵拉星球那樣美麗、吸引人，所以隨著時代的進步和推展，我的「教學桃花源」依然落英繽紛卻要開始升級，不僅不再受限於紙筆的2D呈現，我開始尋求3D分享，甚至是更多元的表現方向。不管是舊名詞「桃花源」，還是新玩意兒「阿凡達」，只要能吸引學生進門來一窺文學殿堂，那就是我想要營造和學生之間的專屬默契和祕密基地，也是我秉持「活到老、學到老」的精神，拒絕被學生淘汰的有力行動，以下分享建構桃花源的小訣竅。

選擇平台的重要

選擇一個適合自己的網路平台是很重要的，因為要「因教師的材，施學生的教」。如果教師選擇一個不熟悉、也不喜歡的平台來當作自己的教學桃花源，那將會是相當辛苦的起點。這處教學樂園是「課外」、「輔助」的性質，不是「主力」、「必要」的課程設計，畢竟資訊科技融入教學永遠扮演著配角、加分的輔助角色，千萬不要本末倒置，弄得下課後還背負滿滿的教學壓力，那就失去「快樂」學習的意義了。

接下來為大家介紹教學平台的種類。

一、校內教學平台

這是最常見、最省力，但也是最陽春的教學平台。通常由學校資訊組提供掛在學校網頁，方便學生家長點選認識老師的多媒體管道。各個學校的功能大同小異，以我們學校的教學平台為例，它提供了公告連結、學習檔案、教學進度、教學檔案等功能，可以讓學生透過超連結或檔案下載的方式和教師接軌。

・優點：及時、易懂、操作方便，同學容易循線而來。

・缺點：簡易陽春的版面，比較難呈現教師風格，而資料種類也比較受限。

二、教學部落格

這是我目前集中火力使用的教學平台之一，部落格也就是所謂的「個人網誌」，目前網路上有不少非常有名的部落格平台，例如：無名小站、奇摩、痞客邦、UDN、PChome新聞台、中時部落格……不勝枚舉，端看教師個人喜好來揀選使用。

早期我幾乎每個平台都有一個家，按照不同屬性分類撰寫文章，後來發現同步更新、分開撰寫太費時間和心力，最後挑了幾個平台同步更新，方便不同平台的學生可以找到我，最後甚至連結到學校教學平台的公告區，指定學生統一入口。

經過多年的實驗和身體力行，目前部落格教學對我來說非但不累，還能為教學加分，也是拉近師生關係的好途徑呢！甚至交換名片時，我都是以部落客身分和一些熱血教師往來，因為，一個用心撰寫的部落格，代表的就是「教師個人品牌」，無需多言，輕輕一點網址，自然一目了然！

目前官方、坊間有許多教學部落格大賽，也是鼓勵教師使用多媒體教學的助力。

‧優點：結合影音、照片的媒材呈現，儼然豐富多元的

遠距教學途徑。學生課前、課後都可以和老師零距離接觸，文學生活容易播種，師生關係加分，教學輔具好用，記錄生活方便，更是環保第一。

・缺點：用心的文章需要花費時間，所以初期使用若不諳操作介面，容易感覺挫敗、冷卻熱情。

三、新新微網誌

學生在哪裡，我就去哪裡。

因為智慧型手機的普遍，微網誌隨之竄生，顧名思義就是比部落格更加簡易，是方便操作的微型網誌。由於平台介面很多，我只舉例「Facebook」和「噗浪」兩種平台，目前我大多在Facebook橫行，原由是大部分的學生都在上面停駐，因此我也入駐。（真是無孔不入的老師啊！）對我來說不管是哪一種教學平台，我的初衷和目標只有一個：推動文學生活，並和學生接軌！所以學習年輕人的「潮玩意兒」不僅是我的教學利器，更重要的是，透過這些多媒體教學，我少砍了好多樹，為地球的環保盡一分心力，何樂而不為呢？

目前使用Facebook進行的教學活動有：網路小詩、班級聯絡簿、線上讀書會、私密社團集會、旅遊文學、365天寫

網誌活動……，無形中增添了生活的情趣，和學生愈來愈
親近更是一大收穫。

- ·優點：迅速發文、掌握學生動向、連結部落格方便，
  同時影音、圖片、文章轉載方便，如果連「尋
  人容易」也是優點的話，那也加上一筆吧！

- ·缺點：必須搭配教學平台或部落格連結使用，才能呈
  現完整的教學方針，不然容易在資訊更替中快
  速被新訊息淹沒，導致乏人問津，教師挫敗感
  隨即排山倒海而來。

使用數位教學平台的心態

是老師，也是學生。

如果想要保持優雅的步履，在資訊爆炸的時代中堅定的
前進，請不要慌張的害怕自己「老」了，請答應我！

當您閱讀《魔法學堂開賣啦！》一書至今（感謝您沒有
一開始就闔上），如果你有一絲絲的質疑或害怕，請點入我
的教學部落格，看看我這十幾年的愛與愁、憂與樂，讓我
與您相伴，甚至如果您願意，請您留下Facebook帳號與我一
起當個網路教育伙伴，互相取暖。

不得不老實說，這是一條艱辛漫長的天堂之路，因為
實施過程的心酸血淚無法一語道盡。但每每看見學生的笑

容，這一切的滿足與歡欣，將引領自己往下一個領域前進。這就是為什麼幾年下來的我愈挫愈勇，繼續默默推動資訊科技融入教學的原因；也是為什麼很多人都覺得我的心，就像剛出爐的實習老師那樣的暖烘烘。

教與學是一體的兩面，不管是身為教師還是家長，甚至是學生的您，都要擁有一個「更新軟實力」的觀念，否則，在科技發達的時刻，你只會覺得自己像隻尚未出井的小青蛙。如果引用第一堂魔法課的觀念——借力使力，我們就不必慌亂的手足無措，也不必時時提心吊膽害怕落伍，「從容不迫」是我要與您分享的口訣，那一支靈活的「滑鼠魔法棒」，可以適時輔助我們學習新知。分享以下幾點貼心小叮嚀，免得滿腔熱血卻換來「媒體力＝沒體力」！

① 循序漸進使用，不可貪心、沉迷以至影響生活和教學品質。

② 善用資訊、組織團隊，「分享」是1＋1＞2的活動，不要吝嗇交流哦。

③ 不要在乎部落格、Facebook、教學平台的流量，不要以名人點閱率要求自己，只需要在乎「學生是否受益？教學是否順利？自己是否得意？」即可。

④ 尊重智慧財產權，以身作則進行教學網誌或平台的撰寫，期勉自身作為學生網路文學的典範。

⑤ 階段性實施「沒有圍牆的教室」網路教學，一開始帶領學生定期拜訪，時機成熟之後自然會有意外收穫，你會發現天天都有主動學習的快樂學生！

⑥ 師生互動，教學相長，不懂的科技媒體可交由學生引領，把講台（或電腦）交給學生，給他們一個自主、自學的舞台。

擁抱閱讀和寫作

「沒有圍牆的教室」除了標榜是教師的「桃花源」、學生的「潘朵拉星球」、提倡快樂學習的殿堂之外，它還扮演著什麼樣的重要角色呢？

接下來分享我的快樂學習祕密基地，我叫它「菉菉私塾」。「菉菉私塾」有二個明確的教學目標，詳述如下。

閱讀力培養不打烊

同學很可能從一開始是被迫閱讀，但只要透過不斷的練習，就會轉而主動閱讀。只要教師願意學習，「沒有圍牆的教室」隨時可以開始實施，而且媒材不限、多元並進的特色值得一試。

設置部落格的初衷只是想要建立一間虛擬教室，以及24小時不打烊的遠距教學，秉持「不在乎多少人氣，只要努力引導，自然積少成多」；甚至因為部落格教學受邀演講，分享創意活化教學的心得，這都是始料未及的蝴蝶效應。

閱讀是在不經意中透過各式各樣的變身，將意念傳遞給前來部落格觀賞的人，所以培養閱讀力，需要經營「多元化」的閱讀媒材；在「茭茭私塾・FM520.999」的閱讀媒材中，按照分類如下：

「小天使大舞台」、「班級學生速寫」、「教學生涯記事」、「廣播社：說說話兒」、「國文課：寫・情・書」、「圖書課：悅・獨」、「教室外的城市旅行」、「小記者用腳愛台灣」、「心情倉庫543」、「我的祕密花園」、「茭茭出國去」、「茭茭ㄟ灶腳」、「我的櫻貝戀人」、「守護365的美麗」、「我愛四葉寶貝」等主題，從教學到生活的紀錄，從單身到新手媽媽的身分，鉅細靡遺的將教學生涯和生命紀錄揉合在一起。

不過，這是我個人的風格，喜歡隱私權的孔夫子還是可以將教學部落格和生活部落格分割清楚，像我這樣隨性愛自由的A型水瓶人，就糊里糊塗的把生命紀錄攤開在學生面

前，企圖成為一個以身作則的「人師」。這或許也是另一種精神層次的追求吧！

　　歡迎有心成為部落客的您，點一點我的心情，或許會是另類的激盪。

　　當閱讀變成一種遊戲，釋放壓力之後的無限可能，靜待你的發現。

15分鐘的線上寫作

　　延續「閱讀力」的蝴蝶效應，「寫作力」是從強迫、進而模仿、最後自主的過程。

　　每一個階段的教學，我都會安排一次線上部落格的上機課程，我不是電腦老師，但卻以上機課程作為驗收成果的目標，因為，我會技巧性的強迫學生「線上寫作」。

一、簡訊作文

手機簡訊是現在青少年相當熟悉的溝通媒介，打字速度飛快，令老師們忘塵莫及。因此，可以利用學生們對這個媒介的熟稔，請他們寫一封簡訊作文，是相當有趣的教學實驗。

這個教學流程只需要花費15分鐘左右，就可以引導學生坐一次「真情流露」的雲霄飛車，快速而不遲疑的將腦海中的情緒傾瀉而出，之後發回70字的簡訊作文，可以再請學生二次修稿，最後以「將簡訊真實發送」為目標，如此反覆練習，人人都可以是小作家。

主題	2012父親節微電影教學
標題	〔國文情書〕給你一封最特別的情書！父愛。祝福全世界的父親們，八八節快樂！ ◎主旨：看廣告，學作文。
網址	http://blog.udn.com/FM520999/6687166
引導	從受精卵的那一刻，我們就集三千寵愛於一身。 雖然，生活被現實的種種壓迫得無法浪漫，不若偶像劇那樣灑狗血，但是真正的生活，是從平凡中扎根。 以下兩則廣告，幾分鐘拍出人生的縮影，讓我們一起感動。
廣告	①最愛你的爸爸（泰國廣告）：3分04秒 ②感人的遺書（台灣廣告）：4分29秒

作文	動人的情節，是生活中平凡的種種，不是矯情的營造，而是生命本身的渲染力。 有一種眼淚流在心底深處，無聲滑過點滴歲月…… 有一種感動默默在腦海盤旋，強烈的要求自己珍惜擁有…… 透過簡單的劇本去感受人生的縮影，不是流淚才是感動，而是化為行動，去愛。 勇敢的，讓愛是個動詞吧！ ❀【作文題目】 請寫一通70字的簡訊給親愛的爸爸，無論他人身在何處，是否可以收到。動筆的那一刻，真心的意念早已傳遞，不要吝惜將愛說出口！
方式	① 直接回應部落格文章留言。 ② 寫在老師發的小紙條上。
催化	① 播放一首配合情境的感人歌曲。 ② 馬上將感動化為文字。
教師技巧	教師隨時巡堂，若看見淚眼婆娑的孩子，輕拍背部或輕撫頭頂表示認同安慰，甚至可以開個玩笑說：「旁邊同學的袖子準備一下啊！」，以幽默轉化悲傷；若是氣氛極佳，可以關燈5分鐘，讓孩子們沉澱心情。
叮嚀	① 我手寫我口，鼓勵孩子大膽寫，不要在意文法修辭。 ② 因為涉及親情隱私，鼓勵在網路上匿名留言「觀後感」，可記點加分。給爸爸的簡訊作文，則寫在老師發的小紙片或個人作文簿上，由教師收回批改或與好友分享。

二、仿寫

從起初的瀏覽到後來的留言寫作，學生打字的功夫和速度比紙本咬筆桿的效率高出太多。

當學生習慣寫文章表達自己的想法之後，接下來便可以請學生仿照範例，寫一篇應用文。以下請容我以自己的部落格為範例說明。

主題	應用文練習：履歷和自傳
標題	〔365-98文學生活〕寶貝們的暑假作業 —— 有創意的自傳和履歷！ ◎主旨：推甄求職
網址	http://blog.udn.com/FM520999/6564852
引導	請善用網路資源參考寫作，但請記得： 自傳是寫你自己，獨一無二的你，請尊重智慧財產權唷。 參考2009年王秀毓自我推薦大堡礁島主的自薦影片，學習其自拍的活力與創意。
範例	① 課文 ② 網路琳瑯滿目的參考文 ③ You Tube影音檔
作文	循序漸進從模仿開始，搜集資料後，作為二個月暑假的長篇寫作作業。
方式	以電子檔完成作文，開學繳交。
催化	暑期輔導期間，教師給予各種範本，激發同學寫作靈感。

教師技巧	提醒同學「寫自己」須避免一指神功Copy到底，教師可運用切割式標題引導寫作。 例如：介紹自己，200字，請學生自訂標題（如：追風箏的女孩，標題可依內容一直修改到正式啟用自傳前）。
叮嚀	開學前，為了提醒「靈感卡卡」的同學，會再發一篇開學前的教學文。 ① 方法：幫學生仔細寫下寫作步驟。 ② 效果：因為開學在即，又不能一指神功當海盜Copy網路文，只好乖乖照做。 ③ 目標：兩個月前，大範圍讓學生自由搜集創作，為的是不要制約文風，免得製造一篇篇罐頭自傳。開學前的條例式引導，是為了讓已經寫作的人檢視自己的方向，並且找出自己的創意，而尚未下筆的人則有個安全目標可仿寫。
餘音	〔國文情書〕線上寫作力：履歷、自傳開學篇，你卡了嗎？讓我為你解套。大綱引導！（http://blog.udn.com/FM520999/6763585）

　　如果寫作力可以發展至此，那相信學生私底下的創作靈感應該是源源不絕，所謂的藝文青年就此誕生。（這真是偉大的願景啊！）

　　所以部落格教學的即時性、便利性、催化性，是非常有潛力的，端看教學流程如何安排以發揮最大效益。資訊融入教學無形中發揮了效用，「寫作力」也在反覆的磨合中進步、開竅。漸漸的，學生的個人網誌和臉書裡不再是大量的宣洩文，而是漸進的文明，甚至是藝文寫作了。

莫莫魔法師教學示範

寫作力＋閱讀力＝？

當然不會是超能力，卻是學生終生受用的表達力、軟實力、競爭力啊！

以下來看看敝人在下的野人獻曝，一點點日光，卻照亮我30年的志業。

資訊科技融入教學的魔法，在於教案呈現屬於「以學生為本」的創意教案，所以「閱讀力＋寫作力」帶來的是「創意」，這正是這一代學子必須被開發的潛能！

以下分享已經操作過的國文課外閱讀媒材，請進來瞧一瞧！

壹、部落格了沒？

「莫莫私塾」教學部落格（http://blog.udn.com/FM520999）融入資訊科技、多元智慧、重大議題，企盼吸引孩子們愛上國文！

點進來後，歡迎大家參觀各種議題，互相交流意見，以擴展教學技巧。

課程分類	部落格文章標題	創意教學 v.s. 媒材運用	多元智慧 v.s. 重大議題
①課文：〈世說新語〉 ②延伸：《下雨小僧》漫畫	〔漫畫教國文〕世說新語・請看蔡志忠漫畫。	①漫畫教國文 ②笑話看人生 ③協同美術課	生命教育 藝術智能
課文：〈八通關種種〉	〔我在國文課旅行〕八通關種種餘音：玉山學，台灣的驕傲，聖山。（請跟我一起投下神聖一票，世界七大奇景推台灣。祝福大家中秋節快樂！）	①山徑故事徵文 ②為玉山投票 ③協同鄉土課、音樂課、地理課	鄉土文學 環境教育 語文智慧 生命教育
課文：〈再別康橋〉	〔唱唱國文情歌〕跟我一起……再別康橋！哼唱文學（一）	①不只是人間四月天 ②協同音樂課	音樂智慧 生命教育
①課文：〈鬼頭刀〉 ②延伸：《海洋天堂》影音閱讀	〔奧斯卡 LIVE〕海洋天堂，向偉大的父愛致敬。愛比海深，有愛就是天堂（鬼頭刀・延伸影音閱讀，生命教育線上讀書會）	①寫作、閱讀、親情、海洋文學一把抓，溫情大感動 ②協同地理課	生命教育 海洋教育 創意作文
①課文：〈詠物篇〉 ②延伸：有聲小說廣播	〔攝世界〕校園之美：碎心八重梅（有聲小說廣播）	①極短篇小說 ②攝影、寫作、校園觀察 ③創意廣播有聲故事協同鄉土課、音樂課、美術課	環境教育 美學教育 創意作文 生命教育
①課文：〈髻〉 ②延伸：懷鄉文學、旅遊文學	〔寫真心情〕跟我一起用相片說故事：QQ 熊冒險之「阿嬤的年味」（2009.2.9. 附上廣播劇教學）	①攝影、寫作、旅行、觀察 ②鄉土教學、創意廣播有聲故事 ③協同鄉土課、音樂課、美術課	生命教育 美學教育 環境教育 創意作文

延伸：閱讀沙世界	賺人熱淚的沙畫，你看到什麼呢？和平與愛是我們的幸福泉源。國慶日快樂。	①愛家愛國、和平慶雙十 ②協同美術課	環境教育 生命教育
課外：微電影教學	〔圖書抱抱〕2012暑輔進度，[海馬洗頭]線上讀書會，請進！	①微電影欣賞 ②劇本教學 ③協同圖書館利用課	生命教育 語文智慧
課外：繪本讀一讀	〔繪本讀一讀〕失落的一角＆遇上大圓滿：為自己上色！	①為自己上色，做自己好自在 ②協同輔導課	生命教育 藝術智慧
課外：閱讀水晶球	時代雜誌帶給我們思考性別平等教育議題：令人心疼的割鼻女孩！（線上讀書會）	①割鼻女孩、沙漠之花 ②真人真事故事分享 ③協同輔導課	兩性平權教育
①課文：應用文——書信寫作教學 ②延伸：應用文教學、鄉土教學	〔寫寫國文情書〕創意作文：寫一封信給未來的自己。祝福所有的人七夕快樂！	①寫一封信給未來的自己，慶祝女兒節。 ②交換祕密，許下願望 ③協同音樂課、圖書館利用課	創意作文 生命教育 人際智慧
廣告教溫情	〔廣告教溫情〕看廣告學作文：回家的路，爸爸的背。祝全天下的爸爸，八八節快樂！	①讓愛是個動詞 ②「天天都可以是父親節」作文仿寫 ③協同音樂課	生命教育 創意作文
課外：畫畫兒	繪本創作：許自己一本圖畫書（菉菉示範＋兒童圖畫書徵文）	①創意無所不在 ②協同圖書館利用課、美術課	創意作文 生命教育

貳、天天一首生活小詩

寫詩，是古早以前的事情嗎？

詩集，是圖書館裡塵封已久的書籍嗎？

我只記得國中收到的第一封情書，上頭寫著：你是天空裡的一片雲，偶爾投影在我的波心……

從那一天開始，民歌和詩集就成為我書包裡的好伙伴，哼哼唱唱、塗塗寫寫，剛好搭上五、六年級生都能憶起的懷念金韻民歌彈唱時代。

後來苦悶的高中生活、飛揚的大學黃金時代，詩，還是占據我的生活。文藝獎投稿、做小書籤、寫生日卡、吉他彈唱、康輔隊巡迴表演……，詩，完全洗禮我的青春歲月。當時帶著寫詩的熱忱，寫下了第一首歌詞，參加飛碟唱片公司的比賽，然後入選優勝，這個獎不但帶來獎狀和出書的桂冠，更激勵了一位高一生的夢想，從此我掉入創作的捕夢網，終於走上中文系和國文老師的夢想之路。

長達二十幾載的詩生活歲月應該足以讓我分享一丁點兒推動「詩生活的樂趣」，下面分享的是「新詩教學的點滴回憶」，請大家不嫌棄進入我的「詩樂園」，好好的以詩取暖，一起來「非詩不可」吧！

新生活運動，不但要養生、樂活、健康，還要寫寫詩。

詩歌藍海經濟效益

國文課進入〈蒹葭〉時，全班一起進入〈在水一方〉的旋律和那遙遠的瓊瑤時代，談到父母親都喜歡的歌手鄧麗君，課堂間彷彿走入時光隧道，回到民歌時代。我忽然著實感動，不管歲月物換星移、人事滄海桑田，心靈的樂音永遠是那樣動人，歷久不衰的經典是詩歌。難怪孔子在〈陽貨〉篇中說：「小子何莫學夫詩？詩可以興，可以觀，可以群，可以怨。邇之事父，遠之事君。多識於鳥獸草木之名。」這就是詩歌的藍海經濟。

詩歌經過時代的語言轉換，一再變身，但那蘊含韻律、多元面貌、貼近民心的特質絲毫不改。新詩，不正是它在我們這個時代現身的面貌嗎？

讀詩的孩子會不會變壞，我不敢說，但是學詩的孩子一定充滿創意奇想。

實在很難一一舉證在教學生涯的十幾年中，究竟成功推動了多少次的「詩生活運動」，循著時光的記憶寶盒，且讓以下這些曾經發表過的內容和演講為「新生活運動」打一劑強心針，希望可以再度燃起現代孔夫子對於「課外活動」的熱情，畢竟寫詩不是升學的重點，卻是人生的一次美麗相遇！

一、徵文比賽——寫詩

在學校每年一次的文藝獎中，新詩大獎是所有學生最期待的，因為少少的文字就可以獲得豐厚的稿酬，入選刊登在《晴園》又可以作為推甄的備審資料，同時還可以晉身小作家頭銜，一魚多吃的經濟效益，讓寫詩成為每年投稿人數最多的徵稿項目。

擔任評審十幾年來，著實被這些藝文少女感動，每年一次就足以點燃「新詩教學」的熱情。尤其這幾年更投入「環境教育——校園攝影詩」的活動，結合攝影和寫詩，每學期至少一次帶著學生在校園進行發現美的國文課程。更重要的是培養一顆詩心，只要一節課，就可以讓文學變得立體，真的值得一試。

彼岸的蓮，水畔的呼喚

翅膀，不是用來折翼的。
心靈寫真的寬廣，如同天空無垠。（推動校園「攝影詩」活動／菉菉）

　　希望透過這些年研發的小活動拋磚引玉，讓新詩不再是冷門的藝文知識，讓生活重新變得柔軟。如果學校有徵文比賽，老師們可透過各種「詩的變身創作」，引導學生進行新詩教學，效果令人意想不到，「獎金獵人」之徵文經濟值得推廣。

二、菻菻詩塾──賞詩

　　校刊中我自行開闢了「菻菻詩塾」專欄，透過置入性行銷方式強迫閱讀，每年一次的「新詩運動」大推銷，實在是不知道效果如何？但是醉翁之意不在酒，不管學生是否跟上腳步，自己得先投入，陶醉其中才是！

　　寫了十幾年的新詩總評和個評，年年都得變化新花招來吸引學生，原因是詩路上前輩太多可以觀摩，處處皆是大師作品可以借鏡，於是我也老卓賣起瓜來。

　　以下分享一點新詩推廣活動的精華，也期勉自己要繼續努力下去，千萬不要灰心就停止「詩生活」計畫。

（一）畫詩・詩畫

　　有一年秋天有點燥熱，於是逃到美麗寶島上唯一不靠海的一個小鎮，去踩踩湖水，避一下秋老虎的肆虐。坐在德化碼頭，秋水波光粼洵牽引心靈，隨性在隨身攜帶的旅行

筆記本上塗塗寫寫，試圖留住這清爽的秋天湖水，真是愜意極了。轉進湖畔的郵局，對著笑盈盈的櫃檯小姐，開口買下五十張明信片。

是的，想要藉由文字圖畫把秋天裝起來，用郵票快遞到你手上，沒錯，就是你，親愛的小孩，收到了嗎？我寄給你的秋天。

生活其實就是一場詩意。

寫詩是件好玩的事情，真希望我們可以一起投入這愉快的藝術遊戲。

1.圖象詩／葇葇

```
一直在
                在象牙裡
                編織著毛線
                拼拼湊湊寂寞
    ---咚        永遠活在雪地
   ----冬天        不用戀愛的季節
   ----孤獨拭淚‧‧每一夜都是煎熬著
    ----風向更迭‧‧一條圍巾滿滿是愛　卻‧‧‧‧‧無法投遞
 ----拒絕愛情‧‧不能投作杯弓蛇影
   ----冬寐        讓我好好睡著吧
    ---鼕        忘記這一份情
                告別青春唇印
                不後悔愛上你
                時光寶盒
                永遠在
    一直在
```

2.圖畫詩／菉菉

（二）讓寫詩成為遊戲

　　讓新詩是種「遊戲」已經有不少人倡導，詩人蕭蕭在《現代詩遊戲》中，首先將「遊戲說」帶進教學。書上說：「文學藝術的起源，有人認為是因為工作的需要而產生，譬如長江沿岸的拉縴夫為了使力而發出的吆喝聲，可能成為當地民歌的基本素材；任何人的成長過程，必定要經由遊戲而學習，經由學習而增長智慧。」

　　讓寫詩變成是一種遊戲，大家各憑本事的遊玩，應該是一種很痛快的創作方式。蕭蕭又說：「透過遊戲的設計，我們可能柔軟我們的腦筋，靈敏我們的心靈，逐漸可以接

近詩的心臟。」

因此，〈再別康橋〉課程結束後，我和同學們開始吟唱各版本的〈再別康橋〉，旋律不同帶出來的詩境也有不一樣的況味。後來我們找了更多的詩，玩起了唱遊的遊戲，感覺新詩不再是遙遠的距離。所以不妨從詩詞吟唱開始培養寫詩的興味，這也是一條邁向小詩人的絕佳途徑。

後來，2008年帶領同學參加城邦網路舉辦的「第三屆高中職華梵盃部落格大賽」時，恰逢聯合報電子報副刊舉辦「徵詩活動：玩詩遊戲第一彈‧龍頭鳳尾詩」，駐站詩人鴻鴻以「在你的房間」為詩頭，「被一口氣吹熄」為詩尾，中間任意增生原創詩句，完成一首12行內之詩作，就有機會刊登在《聯合報》副刊。

記得當時我在課堂上朗讀一些網友的有趣詩句，意外激發同學們的寫作興趣，她們帶著欣喜的創作態度，在部落格寫下一首又一首的詩句，同時以部落格串聯方式彼此互相切磋、觀摩詩句，並且分享創作心情，這始料未及的收穫真是令我感動不已。

創作本應該從「遊戲」開始，在「分享」時發揮極致，同學們貫徹實踐這個精神。

其實，你天天都在寫詩，只是不知道而已。

生活，就是一串詩歌。

「詩歌」意指詩和歌的一體兩面，舉例來說，一首歌若不能感動人心，那就只是索然無味的音符重組；相同的，詩也是一樣的道理，一首詩若是沒有填入感情，那只是一堆文字的拼湊罷了。所以，回到創作的原點，關鍵就只有「用心」和「動人」如此單純的元素。

新詩創意玩法

網路上其實有不少新詩的創意玩法，以下介紹幾個網站，大家不妨上網瞧瞧。

① 扭蛋詩：「人見人愛扭蛋詩」部落格

（http://blog.yam.com/poeticegg/article/5440587）

② 火柴盒詩刊：「引火自焚行動」部落格

（http://blog.yam.com/matchpoetry/）

③ 電子圖像詩：「Blue Crescent」部落格

（http://www.wei1105.idv.tw/comp/journal/scien-1.htm）

④ 手工詩集：請見「2006第一屆太平洋詩歌節：手工詩集會」

（http://blog.roodo.com/pinegarden/archives/2127741.html）

⑤ 詩化流行歌曲：大家可以到以下幾個音樂部落格瞧瞧。

・銀河網路電台：http://www.iwant-radio.com/

・方文山ㄟ官方網站：http://www.chi-field.com/Fang/

「方文山」養成班

範例一：引導學生創作歌詞、修辭

〈再別康橋〉新詩延伸學習

／卓憶嵐

歌曲：非你莫屬
主唱／Tank　詞／陳信廷　曲／Tank

【單元一】唱好歌，學修辭（教師版）

閱讀歌詞後，請圈出修辭，並寫上修辭法！

懂得讓我微笑的人 再沒有誰比你有天分 輕易闖進我的心門明天的美夢你完成

整個宇宙 浩瀚無邊的盡頭 每顆渺小星球 全都繞著你走

愛我 非你莫屬 我只願守護 由你給我的幸福

愛我 非你莫屬 也許會 笑著哭 但那人是你所以不怕苦

懂得讓我流淚的人 給的感動一定是最深 在我心中留下傷痕 你同時點亮了星辰

整個宇宙 浩瀚無邊的盡頭 每顆渺小星球 全都繞著你走

愛我 非你莫屬 我只願守護 由你給我的幸福

愛我 非你莫屬 也許會笑著哭 但那人是你所以不怕苦

看 那麼多相遇 偏偏只和你 天造地設般產生奇蹟

哦 我心的縫隙 我想除了你 任誰也無法填補這空虛

哦 愛我 非你莫屬 我只願守護 由你給我的幸福

愛我 非你莫屬 也許會笑著哭 但那人是你所以不怕苦 但那人是你所以不怕苦

【單元二】唱好歌，學修辭（先修班）

請試著將〈再別康橋〉的詩句分析出修辭法，寫出五種修辭：

1. _____
_____

2. _____
_____

3. _____
_____

4. _____
_____

5. _____
_____

【單元三】新詩模擬考題觀摩（先修班）

閱讀下列新詩，並依下面的題目作答。

輕輕的我走了／正如我輕輕的來／我輕輕的招手／作別西天的雲彩。

那河畔的金柳／是夕陽中的新娘／波光裡的豔影／在我的心頭蕩漾。

軟泥上的青荇／油油的在水底招搖／在康河的柔波裡／我甘心做一條水草。

那榆蔭下的一潭／不是清泉，是天上虹／揉碎在浮藻間／沉澱著彩虹似的夢。

尋夢？撐一支長篙／向青草更青處漫溯／滿載一船星輝／在星輝斑斕裡放歌。

但我不能放歌／悄悄是別離的笙簫／夏蟲也為我沉默／沉默是今晚的康橋！

悄悄的我走了／正如我悄悄的來／我揮一揮衣袖／不帶走一片雲彩。

（徐志摩〈再別康橋〉）

【題目】在本詩中，徐志摩如何透過景物的描寫，傳達他與康橋之間深厚的情感，請加以分析說明。文長以300字為度。

【測驗目標】判讀資料的能力；表達及創作的能力。

【寫作提示】以下錄自三民版第一冊第五課「課文賞析」，可作為答題參考。

本詩中的金柳、水草，透過詩人的想像，都成了注入詩人情意的形象。試看第二節以河畔的金柳比擬夕陽中的新娘，摹寫心頭蕩漾的豔影；第三節以水底招搖的青荇比擬自己，渴望成為陶醉在康河裡的水草；第四節以水光與天光交映的清潭之美，表達自己對康橋存有彩虹般的夢，「沉澱」有深藏之意，遮覆在榆蔭下的潭就像深藏在心底的夢。第五節承第二、三、四節而生，表現尋夢的歡欣，詩人在無限耽迷眷戀正欲忘情放歌之際，忽然體認到即將離別「不能放歌」，境隨情轉，繁華笙簫頓時化作全康橋的沉默，終於以「不帶走一片雲彩」宣說感慨，無限低迴。第六節用具象的康橋、有聲的笙簫，形容難以言傳的悄悄之心、沉默之情，也是極具詩意的修辭。

【Q＆A】什麼問題都可以問，讓小菉菉為您解答。

Q：聽歌和看歌詞一不一樣？

A：不一樣。聽歌是一種隨性的感受，只有音樂上的享受，沒有獲得新的文句分析。

Q：國文如何活用，避免「貝多芬」？

A：背，不見得是件壞事，但「死背」才是糟糕。如果不想以「短期記憶」死背，就必須用「多接觸」來加強印象。「背」的功夫屬於基礎教育，例如：注音、注釋，像是一盤菜的基本調味，非清楚不可。不想死背又想活記的方法只有一個，就是勤勞，多看幾遍，並且用自己的方式去烙印，例如：菉菉一次要背十個班級同學的名字，那我就得從小名、特徵、特色去聯想，很容易就記得，這就叫作活記，終生難忘。

給老師的悄悄話：

班級：　　　　　　姓名：　　　　　　座號：

範例二：連結歌詞和小說的延伸創作

創作歌謠延伸學習

／卓憶嵐

歌曲：最幸福的事

主唱／梁文音　詞／馬嵩惟　曲／劉宜

【單元一】唱好歌，學修辭（星光MV版）

閱讀歌詞後，請圈出修辭，並寫上修辭法！

（OS：歡迎搭乘思念客運。我們現在即將從回憶出發，沿著遺憾，一直走到青春，左轉往事，到達紀念日。接著，會經過失落和捨得……）

你撐著雨傘　接我那次　已經足夠我　記得一輩子

我懂後來你　不是不堅持　愛情本來就　沒萬無一失

淚水離開了　你的手指　那不如讓它　留在這信紙

我想女孩子　最貼心的是　讓愛的人選　結束的方式

我最幸福的事　當過你的天使

趁鼻酸能掩飾　讓我們像當時　擁抱最後一次

最幸福的事　吹蠟燭時你總為我許願的手勢

為摯愛的人　在左邊心口保留位置　是最幸福的事

（OS：然後，從懂事離開，上行珍惜公路，直達滄海桑田，我們要追逐祝福的潮水……）

我最幸福的事　當過你的天使

趁鼻酸能掩飾　讓我們像當時　擁抱最後一次

最幸福的事　吹蠟燭時你總為我許願的手勢

為摯愛的人　在左邊心口保留位置　是最幸福的事

那一陣子有你　美得不像現實　多高興每一幕都微笑著靜止

我最幸福的事　牽著你的日子

一段愛從開始　即使分開我們　都對彼此誠實

最幸福的事　對那片海用力大喊永遠的樣子

想得起那時　那天和你傻笑著認識

是最幸福的事

（OS：一起往溫柔前進，最後　抵達目的地……最幸福的海。謝謝您的搭乘，祝福您旅途愉快！）

【單元二】唱好歌，學修辭（個人版）

請試著仿造《最幸福的事》中的OS，寫出自己的幸福。

【單元三】餘音繞梁，短文教室

請試著寫一篇1000字的小小說。（可自行上「一股清流出版社」部落格
（http://blog.udn.com/GREEN2/2545462）參考〈〔什錦蛋炒飯〕最幸福
的事〉示範文。）

【Q&A】什麼問題都可以問，讓小菉菉為您解答。

Q：作文該怎麼下手？

A：從模仿開始。

Q：那要模仿誰的？

A：從「閱讀」開始，模仿你喜歡閱讀的對象。

　　就像寫書法一樣，從一個字一個字的臨摹，到一整篇一整篇的練習，
寫作文從短句開始，不要一開始就貪心想要很多。

　　通常從短句開始會是個好方法。

　　短句＋短句＝長句，長句＋長句＝段落，基本段落「起」、「承」、
「轉」、「合」成為文章的基本結構。結構大家都知道，像是一棵大樹的
枝幹，每一個短句就是一片葉子，長句就是一朵花，而一整個段落就是那
纍纍的果實，你說，簡不簡單？多多模仿吧！從模仿中找出屬於自己的個
人風格吧！

給老師的悄悄話：

班級：　　　　　　姓名：　　　　　　　　座號：

跨課學習效益

每一次的出走，都是為了回歸。

千千萬萬張過往的臉，會成為記憶中的永恆。

以詩入歌，詩歌詩歌，是我最喜歡的文學演繹法。

文學不該是沉重的，乏味的，枯燥的；文學應該是奔放的，跳躍的，撼動靈魂的。我喜歡將我的文學觀透過音樂讓孩子們學習，學習文學的優美與歡樂，學習文學的平易近人。我常跟他們說：「人的一生一定要有三種朋友，第一是音樂，其他兩個是運動和藝術。」

很幸運的，我在青少年時期就結交到這三個朋友直到現在，在人生的汪洋裡，獨處的時候再也不顯得孤單了。

尤其是今年的運動風，因為「林書豪」掀起一股風潮，我更是藉此鼓勵學生走出教室。

在這裡，我特地安排一份多功能跨課程學習單，全方位學習從「賞詩」、「玩詩」、「讀詩」、「寫詩」到「攝影詩」，希望可以再次印證這些年的信念不是空想，而是可以實施的一種生活態度和美學。

下列是曾經擬過的「寒假閱讀計畫」複合式學習單原貌。

🧑‍🏫「多功能跨課程」閱讀計畫

計畫一：K歌情人

現代詩延伸

製作人：

心情點播歌曲： 語言： 曲長： 作曲： 作詞： 演唱：
【最棒歌詞】請閱讀下列歌詞，劃下最喜歡的句子，並圈出修辭法和寫下閱讀感想。
【仿寫歌詞】 請按照歌曲旋律，重新填詞，可以局部改編，也可以全部重填。

【詩歌心事】談談為什麼選擇這首歌，歌詞、旋律以及自己重寫之後的心情。

【我口唱我心・班級星光大道】請同學分成小組，成員分工合作，上台唱歌。

【延伸閱讀】書與歌的對話。
1.推薦書單：

2.推薦原因：

給老師的悄悄話：

班級： 姓名： 座號：

計畫二：圖書館尋寶

作文素材動動腦

製作人：

請到圖書館尋寶，借閱好書，並依序回答下列問題：

（一）書名（現代詩集）：

　　　作者：

1.請抄錄你最喜歡的一首詩，同時也要寫在明信片上，帶著詩心去旅行。

2.喜歡這一首詩的推薦心得。

3.仿句（模仿喜歡的詩，一句以上，最好可以試著仿一整首，或者找出不同詩裡的幾句佳句，個別模仿，愈多愈好。）

（二）書名（自己喜歡的，可以不是詩集）：
　　　作者：

1.你最喜歡的篇章（簡述內容並且寫上頁碼和佳句）。

2.喜歡這一本書的推薦心得。

（三）攝影「詩」（請在寒假的旅行中，拍下一張你覺得有詩意的照片，並為她寫下幾行小詩。）
步驟一：張貼照片。
步驟二：寫下小詩。
步驟三：做成電子旅行名信片郵寄給老師。

以上是「閱讀・寫作練功計畫表」，完成任務請打勾，〇月〇日繳交！
□1.請完成「K歌情人」、「圖書館尋寶」學習單。
　　目標：(1)寫作與閱讀。(2)作品進入優選。
□2.閱讀一本現代詩集和自己最喜歡的書，利用這兩本媒材完成學習單。
□3.請閱讀寒輔進度，並將文意層次和生難字詞注解上去。
□4.請寫一篇文章：
　　（題目：　　　　　　　　　　　　　　　　　　　　　　　　　　　　）
□5.請在祕笈通知單背面設計「愛的印記」，記錄每日的生活，創意設計！

班級：　　　　　　姓名：　　　　　　　座號：

參、非詩不可・寫真集

　　這裡，有許多小詩人的星星作品即將點亮這一季夜空，寫詩，不是復古，它更是新鮮人的玩意兒，帶您進入真正新世界的「非詩不可」！

臉書互動式寫作

　　鼓勵小詩人在臉書互動，立即交流詩情，這種互動式的寫作沒有壓力，可發掘學生的寫詩天分，效果百分百。

莊佳樺
寂寞的夜，寂寞的我，窗外寂寞下著雨。
寂寞跟著我，卻甩不掉寂寞。
寂寞人很寂寞，寂寞到不知所措。
喝著寂寞煮的咖啡，苦澀無味；
看著窗外寂寞下的雨，我想你；
……
更多
收回・留言・友誼記錄網頁・22 小時前在 Nantou 附近

👍 熊窩、陌生人和你都說讚。

 卓葇葇 [非詩不可]今日你最讚
約 1 小時前・讚・👍 1

卓菉菉

1/30
[非詩不可]

小麵筋 Q Q Q
小土豆 ㄅㄨㄞㄅㄨㄞㄅㄨㄞ
我愛麵筋也愛土豆

天然的土豆是奶奶的用心
好吃的麵筋是外婆的愛心

小麵筋小麵筋
小土豆小土豆

我就是愛呀
愛吃呀我嗐

----------------------------菉菉唱兒歌

讚‧留言‧1月30日 20:21

👍 張奕、陳妞妞、王千怡以及其他 69 人都說讚。

 張舒婷 好可愛喔=]
1月30日 20:22‧收回‧👍 1

陳珮瑜

在女校，我們沒有氣質。
在女校，我們沒有形象。
在女校，我們肆無忌憚的大笑。
在女校，我們毫無掩飾的大怒。
在女校，我們毫無保留的大哭。
在女校，我們不能撒嬌，因為不管你怎麼撒嬌，事情你都得自己做。
在女校，我們不能裝死，因為不管你怎麼裝死，到最後你還是得自己活過來。
在女校，我們不能迷路，因為不管你怎麼分不清方向，最後帶你走出來的還是自己。
在女校，我們......
在女校，我們什麼都沒有。
但是，就因為什麼都沒有，所以我們擁有。擁有最多真心、最多真實、最多勇氣、最多自己。
也或許，不是因為在女校，而是因為在你們身邊。那個最陳珮瑜的陳珮瑜，我真的想你，還有你們。 — 和吳佩怡跟其他 23 個人

收回 · 留言 · 分享 · 16 小時前

👍 你和李念融、余玟萱、林佳玟及其他 34 人都說讚。

💬 查看全部 50 則留言　　　　　　　　🔖 被轉分享 1 次

詩抄明信片

　　鼓勵小詩人出門時，或出外旅遊時，隨時觀察人事物，並觀摩名家大作，仿寫心情。這種24小時不打烊的遠距教學，可運用新新世代的介面引導寫作，培養寫作的興趣。

肆、噗浪開網路班會

由於噗浪介面有暫存對話的功能，可以變成會議紀錄。因此建議教師可利用此功能開另類班會，不浪費時間亦可以保留會議紀錄，一舉數得。

老師可先丟出議題，例如：「校慶園遊會各組提出攤位活動企畫案」。在噗浪上事先留言：

> **粗心小王子** 說 班會主題：校慶園遊會各組提出攤位活動
> 全班留言討論時間：11月15日之前
> 共同投票上線時間：12月1日
>
> 最近回應：
>
> 還沒有人回應哦，趕快來搶頭香囉！:)

全班一起在網路上開班會，家長班親會也可以一起加入，新時代創意！

魔法祕笈NOTE

(1) 閱讀力+寫作力：必須循序漸進

(2) 閱讀力+寫作力：必須擁有趣味

(3) 閱讀力+寫作力：必須多元發展

第四堂魔法課
遇見小王子─風格力

　　如果說每個學生都是一顆未來的明星，獨一無二！那麼，身為熱血教師就必須愛上每一顆星，因材施教；如果說每個孩子都是上天恩賜的珍寶，彌足珍貴！那麼身為有遠見的家長就必須放手每一次學習，適性適才。

　　資訊科技融入教學的魔法在於教案呈現是屬於一種「以學生為本」的創意教案，其發展的「風格力」將帶來「全方位的創意」。風格力，不但是教師教學的風格，更是為每一位學生量身訂作的特殊教材，這正是這一代學子必須被開發的潛能！

　　以下為大家介紹數位教學的風格。

透過電影說故事

　　如果說電影是一種閱讀魔法，那麼，施法的過程除了要兼顧「因材施教」和「課程連結」之外，教師還要考量自己的特質和班級的屬性揀選媒材，才能充分發揮教學的特色。只要事前做足功課，電影教學就像一首迴文詩，不管從哪裡開始都是很好的閱讀媒材。如此一來，影音教學必能成為教學過程的輔助而不是累贅。

　　有別於一般影評的書寫，這兒只有國文遊藝場內一場又一場的冒險和感動，「操作式的電影教學教案」要呈現的

是孩子們的微笑和自信。文字、音樂、肢體、藝術……是多元智能的大集合，足以說明電影是最好用的延伸教材，彷彿一張張超光速的心智圖統整著「協同教學」、「多元智能」、「教育部重大議題活動」，這是一舉數得的活化教學！

在這裡以電影《三個傻瓜》（3 Idiots）拋磚引玉，呈現「主題式影音閱讀及作文」。以下讓某某分享電影教學的操作淺見。

步驟一：精熟影片

進行影音閱讀活動，教師本身一定要對影片本身非常熟稔，才能「因班級的材，施議題的教」，一部影片面對不同班級，是可以無限解讀的，這也是電影教學令學生心靈飛翔的緣由。

步驟二：善用分割

一部電影的主題不會只有一個，電影是生活的縮影，以多元化的角度說人生的故事，減少「一片到底」的教學法。如果只是關上電燈後，投影機放映整整1～2個小時，接著發下學習單書寫問題……，這樣的電影教學容易流於表層的娛樂消遣，以致失去學習的樂趣和意義，也失去「在課堂看電影」的意義，不僅浪費寶貴的上課時間，也

錯過師生腦力激盪的機會。所以，優質的「影音閱讀」，必須要適度的分段、講解、問答、互動、討論、寫作，全套式的探索，儼然一場有深度的「電影讀書會」，處處打開學生的生命光圈。

步驟三：連結閱讀

使用電影教學必須是「加分」作用，才能激發創意火花。

回想過去在「全國高中國文教學研討會」台北場分享〈聽，說！愛情三重奏〉的創意教案時，曾使用主題式選文教學，將愛情系選文作為跨年級的主題教學，同時透過《夏日大作戰》這部深受青少年喜愛的動畫電影，進行「夏日影音閱讀」活動。「跨課影音閱讀」設計的議題囊括〈死去活來〉、〈虬髯客〉、〈水經〉、〈元曲選〉、〈漁父〉等課程，此創意教案深受同學喜愛，更引發課後自學動力。學生曾反應面對100年統測出現簡媜〈水經〉題目，能輕鬆作答的原因之一，是二年級上過「愛情系」主題教學的緣故，這樣的回饋大大提振我推廣「影音閱讀」的信心。

曾經有句廣告詞：「他傻瓜，我聰明」，就可運用在本次創意教案。以下是菉菉簡單設計的分段式影音閱讀，

透過「電影橋段」、「主題閱讀」、「連結課程」三個面向，交織成活潑的創意催化劑，適合在課堂上當成延伸閱讀教材使用，同時兼顧寫作練習，擁有一魚多吃的優勢。

創意教學v.s.影音閱讀v.s.寫作教室

影音閱讀橋段 （分段）		主題閱讀 （多元智能和重大議題延伸）	連結課程
第1段 （0-17'21）	0-8'08	・語文智慧：懸疑誇張式開頭── 　猜猜發生什麼事？	續寫作文練習
	8'08-10'28	・音樂智慧：他像風般自由（MV 　時間）	改編歌詞
	10'29-17'21	・討論議題：男主角的獨特反擊； 　活用知識應用	小組讀書會討論
第2段 （17'22-34'25）	17'22-34'25	・太空筆事件：填鴨式教育的定義 ・Joy 主題曲 ・座右銘──All is well ・Joy 以死明志	小組讀書會討論 作文：座右銘
第3段 （34'26-45'18）	34'26-45'18	・生命教育：頸部壓力與精神壓力 ・生命教育：家長對子女的期待 ・諷刺升學主義，求知的熱情？ 　（30 秒解釋名詞）	①小組讀書會討論 ②作文： 　・我的夢想 　・父母的期望
第4段 （45'19-63'45）	45'19-63'45	・性別平等教育：婚禮中的「無償 　的建議」 ・人際智慧：Chatur 演講橋段（諷 　刺死背教育） ・語文智慧：十年約定（呼應影音 　第1段）	①小組讀書會討論 ②作文：十年後的 　約定

第5段 （63'46-80'53）	63'46-71'39	·性別平等教育：手表事件、慢動作的愛情定義 ·人際智慧：摩托車送醫應變事件的友情意義	作文： ·愛情藍圖 ·友情萬歲
	71'40-75'20	·音樂、肢體運作智慧：色彩鮮豔的愛情歌舞劇	戲劇：我是導演
	75'21-80'53	·生命教育：考試事件、座位事件	小組讀書會討論
第6段 （80'54-114'33）	80'54-94'30	·語文智慧：發現園丁真相（追述過去） ·生命教育：男主角一輩子的「快樂學習」奧義	①小組讀書會討論 ②作文：誰是誰？
	94'31-107'05	·生命教育：喝酒後的鬧場事件、愛的告白 ·生命教育：「追隨你的心」真諦、跳樓事件	①小組讀書會討論 ②作文：閱讀感想
	107'06-114'33	·人際智慧：友情喚回生機 ·生命教育、音樂智慧：歌曲──「我們不會放開你」	①小組讀書會討論 ②作文：好朋友
第7段 （114'34-132'15）	114'34-122'14	·生命教育：面對自己、追尋心靈、快樂工作 ·親子教育：親子溝通 v.s. 自我夢想 v.s. 活出特色	①《親愛的安烈·給河馬刷牙》 ②作文：夢想線條
	122'15-132'15	·性別平等教育：愛情告白 v.s. 搶親記 ·語文智慧：理想的靈魂伴侶	①小組讀書會討論 ②作文：夢想線條

第8段 （132'16-163'21）	132'16-150'03	・人際智慧：虎穴偷卷（義氣？） ・生命教育：孩子，你想做什麼？ ・公民教育：視訊接生、自製助產器、自製電流器 ・內省智慧：太空筆贈非凡學生	①小組讀書會討論：格言筆 ②閱讀：《老師的十二樣見面禮》
	150'04-163'21	・生命教育：一間沒有圍牆的學校、改變教育體制 ・人際智慧：好友重逢、十年之約勝負？ ・性別平等教育：真正的愛情	①小組讀書會討論 ②作文： 　・理想世界 　・靈魂伴侶
尾聲 （163'22-165'45）	片尾曲	・音樂、空間智慧：All is well	①小組讀書會討論 ②作文：座右銘

微電影──輕薄短小、易於操作

影音教學的課堂創意活動相信會是另一波「活化教育」的高峰。風起雲湧的「微電影」風潮更是令人愛不釋手的小品。微電影，顧名思義就是微小的電影，其實就是輕電影，很多是令人愛不釋手的小品，就像輕小說一樣，有別於長篇電影需要細細咀嚼，它可以使用比較短的時間完成閱讀。

而菉菉常常在思考，如何把生活的點滴和文學結合。或許，在別人眼中，我是一個奇怪的國文老師。在我的課堂，聽音樂，看廣告，看影片，都是每堂課50分鐘裡重要的配角。甚至，有時候我會讓這些元素變成主角。

有人說，這世代的孩子喜歡聲光色彩多的東西，比較不喜歡文字。但我持相反意見，聲光的東西並不是不好，而是有沒有適度的引導。其實，短短的5分鐘，一首MV，或是一個電視廣告，或是一齣微電影，都可以打開學生的心胸。

當然，這不是鼓勵大家速食閱讀，只是在這個大家不願大量閱讀的年代，用一團小小的火花，點燃更多的巨大火花，也是一種聰明的方法。

微電影長度大部分都是5～10分鐘，例如藝人張柏霖拍的微電影有四集，結合起來也差不多是20分鐘的小短劇了。和MV廣告不同的是，它雖然也是廣告商的置入性行銷，但是藝文和音樂的結構相當強烈，廣告的安排非常巧妙，不著痕跡，不會讓人意識到它就是要廣告，而是不知不覺讓你接受，有別於傳統廣告。

精緻、有意義、對白設計巧妙、有延伸思考，這就是微電影適合用在課堂上穿針引線最好的元素的原因。

這是一種藝術，我個人認為。

以下整理介紹的是我個人覺得不錯的微電影，現在邀請您進入菜菜私塾，瞧瞧光與影的魅力吧！

部落格主題	部落格網址
1. 微電影教會我們什麼？除了作文還有更多人生的感動⋯⋯（延伸閱讀，外國微電影）	http://blog.udn.com/FM520999/6361812
2. 今天一起來看微電影吧！（劇本寫作延伸）	http://blog.udn.com/FM520999/6331791
3. [國文抱抱] 如果這是因為愛，真的一切都值得嗎？微電影・在一起・線上影音讀書會，請進！	http://blog.udn.com/FM520999/6670697
4. [國文抱抱]劇本練習曲:快遞・微電影──線上讀書會，請進來喝杯心情玫瑰茶！	http://blog.udn.com/FM520999/6668673
5. [圖書抱抱] 我家小店叫永久・線上影音閱讀:一部電影，一種心情⋯⋯請進！	http://blog.udn.com/FM520999/6663745
6. [圖書抱抱]2012 暑輔進度，[海馬洗頭]線上讀書會，請進！	http://blog.udn.com/FM520999/6661148

教室裡的「創意市集」

鑒於現代學生缺少創意與腦力激盪，於是突發奇想致力於開發「操作性的國文課」！行之多年效法哈利波特動手動腦學魔法的樂趣，每每在課程進度允許之際，模仿日本高校舉辦活動，即每月一次的「紅色的日子──藝文祭」。

例如在〈絕句選〉課程中，全班到校園撿落葉，運用理化常識做「葉脈書籤」，然後協同美術課製作「葉脈拓印卡片」，最後加上國文課圖書館尋寶活動，最喜歡的唐詩數首透過POP變體書法美化，一張張饒富古詩美意的手工卡，透過「應用文──青鳥活動」，飛向思念的人的心⋯⋯

　　就這樣，國文實作課程慢慢計畫、擴大，讓孩子愛上國文的「手作魔法」課。一次次藝文祭配合節日、課程，孩子們的熱愛壯大了這個魔法夢，我彷彿擁有一間台式霍格華茲魔法學院，規模小小的卻足以讓人樂在其中，因為他們的微笑是最美的回應，重點是……愛上國文課。

　　莯莯從國中部經驗獲得信心後，大膽往高中部推動，希望以純文學的角度經營「手作文學」，渴望複製課本上的文學生活，溫柔的移植到科技發達的e化世紀，用「舊瓶新裝」的方式呈現。而校定必修課程「圖書館利用」就是魔法大舞台，沒有升學壓力，透過聽、說、讀、寫的「閱讀課程」，配合多元智能及評量，成就學生的學習信心，給一種帶得走的閱讀習慣，而不是背不動的書包！實行多年迄今，藉由推動這門課，我透過孩子們的需求不斷提升自己，也獲得更多快樂的魔法技巧。再進化成「新文藝選讀」課程，邀請專家演講現身說法、戶外教學實地考察，從第一學期來自各科不同班級的學生抱著好奇心選修，到必須限定選修人數，這門課的總體經驗累積為「手作文學・創意市集」的基石！

　　最後國文課落實在手作創意市集上！我們煞有其事的將教室營造成一個真正的創意市集，從入場券、活動DM、

學習單到Q&A、現場實作和有獎徵答，小小的創意種子悄悄植入現場的每個人心中，菉菉感動於「文學不死，只是低調」。相信不管經過多少歲月，它都會安然長成一株使人幸福的植物，這就是文學的力量。

　　接下來，讓我逐步分享2009年時所進行的「創意市集在MD」活動祕辛，與諸位有志於國文創意教學的老師們共同切磋。

玩什麼？（設定主題）

　　首先必須訂定主題。主題是活動主軸，一切發展都依循此線出發。本次創意市集以「成立基金，捐款救災」為目標，運用網路落部格公告擺攤的意義和緣由，做出廣告DM結合報名表(二合一推環保)，招募自願一起玩創意的同學，對象以國文、圖書課、廣播社學生為主，同時驗收他們對文學的熱愛和主動性。

- 主題：創意市集在MD──手作v.s.文學的愛戀
- 目標：活用文學，捐款到「六龜育幼院」幫助院童快樂成長
- 攤位：青春祭‧幸福販賣機
- 廣告：DM、報名表(請見以下範例)

魔法學堂開書啦！

【藝文祭DM】

創意市集在MD ─手作v.s.文學的愛戀 青春祭

 緣起

高中女生的小手也可以是那麼有力量的，文學的創意也可以是那麼有「錢」景的……

詳情請看【菉菉私塾・FM520.999】部落格文章：

教室外的夢想，跟我一起去擺攤：http://blog.udn.com/FM520999/3268783

我想要談一場戀愛：http://blog.udn.com/FM520999/3260822

 活動

時間：2009年11月14日，下午1-5點（包含擺攤、收攤時間）

地點：明德女中・明樓1F餐廳

主辦：上銀科技公司

主題：音樂會v.s.義賣跳蚤市場

附設：明德女中「幸福販賣機・手作文學創意市集」

內容：獨一無二的文學手作幸福小物

（無奇不有，超級新鮮，歡迎您來瞧一瞧……）

作者：（廣播社＋國文科＋圖書課）有創意的公主群

所得：所得成立「一股清流基金」，全數捐出幫助受災兒童上學

願景：學習幸福生活・培養關懷情意・展現無限創意

現場：廣播一社解說員・廣播二社樂團演出

歡迎您加入我們的行列，工作人員、創作者、顧客……以下為報名表，請在○月○日擲回！謝謝！

✂ ┈┈┈┈┈┈┈┈┈┈┈┈┈┈┈┈┈┈┈┈┈┈┈┈┈┈┈┈┈┈┈

🍒🍒 我要加入 🍒🍒

□ 工作人員 □ 創作者 □ 顧客 □ 其他：

🍒🍒 我大約什麼時候可以出現 🍒🍒

□ 12點左右擺攤 □ 1-2點 □ 2-3點 □ 3-4點 □ 4-5點開始收攤

🍓 我可以幫忙的是：

🍓 我對這個活動的想法是：

班級：　　　　　　姓名：　　　　　　座號：

怎麼玩？（激發創意）

　　確定主題、報名截止後，規畫活動分兩條主線進行，老師負責企畫，學生負責執行，放手讓孩子去做，才能「從做中學」擁有更多創意火花。

http://blog.udn.com/FM520999　創意市集在MD

http://blog.udn.com/FM520999　創意市集在MD

一、商品行銷文學化

自由發揮的創意總令人驚豔，由「創作組」自行決定類型。這次創作類型有：「旅行明信片」、「甜蜜不織布小物」、「『保護你的卡』卡套」、「暖呼呼毛線手機套」、「手繪幸福卡」、「『專屬你小擦擦』橡皮章」、「唯·驚·卡」、「幸福熱縮片」、「襪子娃娃」、「幸福青鳥」等。

創意市集活動中，創作者要為作品設定「品牌名稱」，同時也要做行銷、包裝、估價、定價等動作，學習一手規畫商品細節，對作品負責、將文學藝術化，這是文學的藍海經濟。

由於版面有限，以下僅介紹幾種商品類型，並說明如何與課程作連結，以及學生可以從中獲得的益處。

（一）創作者名片

這項活動結合藝術與文字鍛鍊，提供一個新的定位。運用的課程為：「應用文·名片」、「古人字號·筆名」、「廣告文學·下標題」單元。以下為學生的作品練習範例。

smileflower's world・微笑花花／謝薇婷

我想要，擁有幸福。

有個留咩咩頭的小女孩叫花花。

有招牌掛鉤笑容，今年五歲。

教室裡的創意市集

（二）作品命名和創作理念

　　這項活動結合廣告文學，將創意大力推向世界。運用的課程為：「廣告‧鍛字鍊句」、「新詩‧一行小詩」、「作文‧下標題」、「小品文‧散文練習」單元。以下為學生的作品練習範例。

加心小卡。加薪小卡。／李葦庭

「加薪」向來是人們渴望的。

「加心」是為了讓收件人在收信時感到一份寫信者的真摯心意。

把寫信人的「心」一起放進明信片中，原本平淡無奇的酢醬草搖身一變成了令人驚喜的「四葉幸運草」。

給你我的心，四葉幸運草。你發現了嗎？

經濟不景氣，幫你加心（薪）！

願你幸運。與你分享，加心（薪）的喜悅。

那年夏天，我在墾丁，天氣晴（限量明信片）

／蔡依璇

2009的夏天，

我按下快門，

保留墾丁的「海&天空」。

墾丁，

當然可以這麼美呀！

只是，

你沒留心而已。

（三）作品使用說明

　　透過創作表達對世界的理想，是一件好事。因此運用的
課程為：「廣告‧行銷術」、「廣告‧文案練習」單元。
以下為學生的作品練習範例。

「保護你的卡」卡套／謝尹蘋

　　某天公車卡不小心被刮壞，想到這個創意：如果公車卡有件衣服，
就不會被弄壞，也不需要公車卡貼紙，還可以變更不同圖樣，也許有的
人會買市售的塑膠公車卡套，但我覺得手工的東西比較耐久、耐髒，同
時獨一無二！

　　【使用說明】只需要把常用的公車卡放進卡套裡就好了，讓它有個
遮風避雨的地方！

創意市集在明德

（四）作品小故事

　　為自創品牌說故事，藝術品瞬間活過來！在這裡，運用的課程為：「小說文體練習」單元。以下為學生的作品練習範例。

「DOLL DREAM」手繪明信片／蔡宜均

　　身穿彩虹衣，帶著一把裝有翅膀雨傘的布娃娃，與好朋友一同旅行，實現夢想。

　　有身上綁著代表願望氣球的小象，喜愛冒險的兔子，臉上有愛心的長頸鹿及自由自在的貓。第一站是天空，在那裡認識了一個女孩。女孩加入她們的行列，一起去旅行！

（五）活動紀念章

把古人的書法篆刻美學重新包裝，變成獨一無二的新創意。此處所運用的課程為：「舊篆刻・新橡印」單元。以下為學生的作品練習範例。

「專屬你小擦擦」橡皮章╱謝尹蘋

國中時很喜歡做小東西，尤其是分解橡皮擦，切橡皮印章成為拿手絕活兒；為別人設計量身訂作一個屬於自己的印章，是一種幸福，特別的烙印。

【使用說明】只要把印章在印台上壓一壓，蓋到喜歡的紙上，就可以成功蓋出屬於自己的圖案！

創意市集在明德　http://blog.udn.com/FM520999

（六）活動海報

　　推銷要用看得見的藝術手法，文字就是其中一種。其所運用的課程為：「優美文句‧下標題」單元。以下為學生的作品練習範例。

明德創意市集

幸福販賣機

手作の文學幸福

（七）解說作品

　　說話的藝術，溝通的方式，從解說員開始！我們所運用的課程為：活用「語文表達能力」、「口說能力」單元。

（八）現場擺攤

　　商品擺設、行銷介紹、顧客互動、帳目管理……一次學成。在這裡所運用的課程為：練習「人際智能」、「情意智能」內化單元。

（九）樂團表演

　　現場「MD星光PK賽」給你好音樂。這裡所運用的課程為：運用「音樂智能」、「歌詞改寫創作」單元。

二、團隊與個人

透過舉辦手作創意市集活動，同學們同心協力，體驗出團隊合作的精髓，並且因為自己的參與，而建立起自己的信心。以下是同學們的心聲，希望能給老師們打一劑強心針。

（一）獨自創作：給自己信心，沒有什麼做不到的。

現身說法／何昀蒔

以前看見別人擺攤，商品都是手作，令我深感羨慕，創意和手工需要時間磨鍊；對我來說，製作過程能親手包辦已跨出一大步，因為擁有手作的幸福！

（二）小組活動：不是有「藝術細胞」的人才是創意市集高手，一起努力的感覺可以激發潛能！

現身說法／王佩娟

美好時刻來臨，首要是「把作品做好」！原本只想當顧客，但好友的鼓勵有了開始。雖然情況不樂觀，相片太晚沖洗加上美工不足，全靠好友構思設計！擺攤前天兩點才睡，馬不停蹄畫牛皮紙袋，背後的英文小語是為了呈現獨一無二，讓大家知道「文學也是可以賣錢的」！透過創意市集感受文學不是死背的，而是有活用有經濟前途的！

（三）多元學習：全方位的學習，從幕後到幕前一手包辦，最棒的創意市集。

現身說法／謝薇婷

　　一場創意市集從中學習什麼？生命裡每一份經驗都有存在價值。如何啟發靈感？是「閱讀」！閱讀是件非常好的休閒活動，仰賴有畫面的螢幕容易流失大腦的創意思考。書，沒有畫面卻單憑文字場景就可以想像。如此腦力激盪，靈感自然可以湧現，這是我的小撇步！感謝，生命裡出現這樣的恩師——蓁蓁，陪我一起實踐夢想，雖然路還很長，但深信會有老師陪伴著我！

很好玩！（運用專長）

　　這樣一場手作創意市集活動，同學本著自願參與的心意，更能自動自發、專心致志的投入，各個同學憑著自己的熱情，大秀自己的專長。例如：

- 英文科：雙語下標題能力，有中文基礎再翻譯成英文，棒！
- 廣設科：圖畫、語文雙向進行，藝術與文化的結合。
- 廣播社：解說員、攝影、錄影採訪組、節目組現場秀歌聲，哇！眾星雲集。
- 國文科：活用文學，樂用文字，國文生活化，妙！

一起玩！（協同教學）

教育不是單打獨鬥，教學不能形單影隻，而文學手作創意市集正是一個讓課本與生活相結合的活動。你看，同學們可以利用這個活動接觸到下列這麼多的經驗，將來一定能成為生命中的養分，這是不可多得的機會呀！當同學們一起玩時，更能體會到什麼是團隊合作，可見天天都能協同教學呀！

- 數學智能：訂價、估價、成本價；找錢、換錢、結算錢，簡單數學好用。
- 美術智能：圖畫、色彩、包裝、擺位子，美學生活！
- 音樂智能：現場樂團演出，樂活「聲」活好自在。
- 情意智能：懂得欣賞、溝通、見賢思齊，快樂學習好心情。
- 人際智能：小組合作、伙伴團隊，一個都不能少呀！

活動尾聲

此次文學手作創意市集引起學校師生的熱情支持，藉由這樣的活動，希望讓同學們愛上國文課。

在這裡，菉菉精選出三項手作文學主題，邀請大家進入菉菉的部落格應用教學網站，點選部落格主題，可在相簿區觀看操作步驟，或許可以激發出更多國文教學的想法，與大家共勉。

創意課程	部落格主題	連結課程
創意熱縮片	http://blog.udn.com/FM520999/6699243 菉菉私塾部落格：[國文情書] 旅遊文學延伸：熱縮片變身‧旅行幸福火車票。（前情題要：認識熱縮片）	‧協同物理、圖書館利用、美術課獨一無二的自創品牌手作
旅行明信片	http://blog.udn.com/FM520999/6097169 菉菉私塾部落格：[國文情書] 攝影詩生活，一起來玩詩！（現代詩遊戲）。（請見〈鹿港青蚵〉攝影詩。）	‧協同攝影、圖書館利用、美術課 ‧寫詩、攝影、復古氣息的美學教育
我的私房書	http://blog.udn.com/FM520999/2624064 菉菉私塾部落格：[另類備審檔案] 打造一本自己風格的備審私房書！（手作示範＋廣播分享）	‧協同圖書館利用、美術課 ‧手工書製作、獨一無二的備審檔案

這只是開始……

媒體力＋故事力＋寫作力＋閱讀力＋風格力＝競爭力

運用E力量，教學High翻天

　　一如懷胎十月產下愛的結晶，《魔法學堂開賣啦！》也是我教學十多年的魔法教案結晶，在這本書裡的任何一個章節，都是經過教育現場洗禮後的成功範例，希望可以把這一帖魔法良方交給關心快樂學習的您，不管您是大小孩還是小小孩，魔法永遠適用於營造快樂學習氛圍。

　　透過教與學的教學相長，教師透過時代輔具施展魔法教學是一種新潮成長術。本書透過媒體力、故事力、寫作力、閱讀力、風格力等魔法軟實力，培養下一代的快樂競爭力，這就是輕鬆借力的「E」力量，希望這個魔法像隨風飄散的種子四處落地生根，長成適性適土的幼苗，久而久之，就能成為台灣的創意棟梁。

　　我是一位高中老師，我關心學生是否快樂學習。

　　我也是一位新手媽咪，這一本書也是我送給秋天出生的小四葉妹妹的誕生書。

「你是唯一」！

每位老師都這樣想，就會給學生多元發展。

每對家長都這樣想，就會給孩子無限空間。

每個你都這樣期許，就會給自己更多創意。

愛爾蘭詩人葉慈曾說：「教育不是注滿一桶水，而是點燃一把火。」（Education is not the filling of a pail but the lighting of a fire.）

十二年國教來臨的此時，希望這魔法教案可以點燃關心教育的您心中那一束璀璨火花，這本書只是開始，希望更多人投入創意教學，教與學的角色可以互換，人人都是魔法師。

一起玩魔法唄！

國家圖書館出版品預行編目資料

魔法學堂開賣啦！/ 卓憶嵐作. -- 初版. --
台北市：幼獅, 2012.12
　　面；　公分. --（教師充電錦囊；42）
　　ISBN 978-957-574-892-0（平裝）
　　1.漢語教學　　2.中等教育

524.311　　　　　　　　　　　101024023

*
教
師
充
電
錦
囊

魔法學堂開賣啦！

作　　者　卓憶嵐
出 版 者　幼獅文化事業股份有限公司
發 行 人　李鍾桂
總 經 理　廖翰聲
總 編 輯　劉淑華
主　　編　林泊瑜
編　　輯　黃淨閔
美術編輯　李祥銘
出 版 者　幼獅文化事業股份有限公司
　　　　　(10045)台北市重慶南路一段66-1號3樓　郵政劃撥 00033368
　　　　　電話：(02)2311-2832　傳真：(02)2311-5368

門市
＊松江展示中心：(10422)台北市松江路219號
　　電話：(02)2502-5858轉734　傳真：(02)2503-6601
＊苗栗育達店：36143苗栗縣造橋鄉談文村學府路168號
　　　　　　（育達商業科技大學內）
　　電話：(037)652-191　傳真：(037)652-251
印刷 祥新印刷股份有限公司
定價 220元
港幣 73元
初版 2012.12
書號 916106
ISBN 978-957-574-892-0（平裝）
幼獅樂讀網：http://www.youth.com.tw
　　　　　　e-mail:customer@youth.com.tw
行政院新聞局核准登記證局版台業字第0143號

感謝您購買幼獅公司出版的好書！
為提升服務品質與出版更優質的圖書，敬請撥冗填寫後（免貼郵票）擲寄本公司，或傳真（傳真電話02-23115368），我們將參考您的意見、分享您的觀點，出版更多的好書。並不定期提供您相關書訊、活動、特惠專案等。謝謝！

基本資料

姓名：＿＿＿＿＿＿＿＿＿＿＿＿＿＿＿＿＿＿先生／小姐

婚姻狀況：□已婚 □未婚　職業：□學生 □公教 □上班族 □家管 □其他

出生：民國＿＿＿＿＿＿年＿＿＿＿＿＿月＿＿＿＿＿＿日

電話：（公）＿＿＿＿＿＿　（宅）＿＿＿＿＿＿　（手機）＿＿＿＿＿＿

e-mail：＿＿＿＿＿＿＿＿＿＿＿＿＿＿＿＿＿＿＿＿＿＿＿＿＿＿

聯絡地址：＿＿＿＿＿＿＿＿＿＿＿＿＿＿＿＿＿＿＿＿＿＿＿＿＿＿

1.您所購買的書名：**魔法學堂開賣啦！**

2.您通常以何種方式購書？：□1.書店買書 □2.網路購書 □3.傳真訂購 □4.郵局劃撥
　（可複選）　□5.幼獅門市 □6.團體訂購 □7.其他

3.您是否曾買過幼獅其他出版品：□是，□1.圖書 □2.幼獅文藝 □3.幼獅少年
　　　　　　　　　　　　　　　□否

4.您從何處得知本書訊息：□1.師長介紹 □2.朋友介紹 □3.幼獅少年雜誌
　（可複選）　□4.幼獅文藝雜誌 □5.報章雜誌書評介紹＿＿＿＿＿＿報
　　　　　　□6.DM傳單、海報 □7.書店 □8.廣播（　　　　　　）
　　　　　　□9.電子報、edm □10.其他＿＿＿＿＿＿＿＿＿

5.您喜歡本書的原因：□1.作者 □2.書名 □3.內容 □4.封面設計 □5.其他

6.您不喜歡本書的原因：□1.作者 □2.書名 □3.內容 □4.封面設計 □5.其他

7.您希望得知的出版訊息：□1.青少年讀物 □2.兒童讀物 □3.親子叢書
　　　　　　　　　　　□4.教師充電系列 □5.其他

8.您覺得本書的價格：□1.偏高 □2.合理 □3.偏低

9.讀完本書後您覺得：□1.很有收穫 □2.有收穫 □3.收穫不多 □4.沒收穫

10.敬請推薦親友，共同加入我們的閱讀計畫，我們將適時寄送相關書訊，以豐富書香與心靈的空間：
(1)姓名＿＿＿＿＿＿　e-mail＿＿＿＿＿＿　電話＿＿＿＿＿＿
(2)姓名＿＿＿＿＿＿　e-mail＿＿＿＿＿＿　電話＿＿＿＿＿＿
(3)姓名＿＿＿＿＿＿　e-mail＿＿＿＿＿＿　電話＿＿＿＿＿＿

11.您對本書或本公司的建議：＿＿＿＿＿＿＿＿＿＿＿＿＿＿＿＿

10045　台北市重慶南路一段66-1號3樓

幼獅文化事業股份有限公司

....

請沿虛線對折寄回

客服專線：02-23112832分機208　傳真：02-23115368

e-mail：customer@youth.com.tw

幼獅樂讀網http：//www.youth.com.tw